LANDOLF SCHERZER

AM SARG DER SOJUS

DIE HOFFNUNG STIRBT ALS LETZTES

2. Auflage 1993

Umschlag: Angela Krajewski
Gesetzt aus Garamond / Superpage
Herstellung: typo-studio Suhl / Ilmenau
Printed in Germany
ISBN 3-929730-00-6

Solange diese Züge fahren

ODER: »Der Schaffner zahlt zehntausend Rubel an die Mafia«

Meine Reise in die Union der Sowjets beginnt am Checkpoint Charly in Berlin. Dort liegen Uniformenmützen mit roten Sternen und Offiziersschapkas aus Zobel, Matrjoschkas mit Jelzins Pausbacken und Gorbatschows Blutfleck, unermüdlich tickende russische Uhren mit zwölf und mehr Steinen auf provisorischen Tischen zuhauf, und in Pappkartons bieten die Händler sowjetische Orden, das Stück für zwei DM, an. Drei kosten fünf Mark. Ich wühle nicht wie am Billigstrumpftisch, ich nehme die Orden einzeln und behutsam in die Hand. Finde sogar einen Leninorden. Ich frage die Händler auf russisch, woher diese Schätze stammen. Sie verstehen mich nicht – es sind keine Russen.

Um nach Moskau zu kommen, fahre ich von Berlin vier Stunden westwärts, nach Hannover. Der direkte Zug aus der Hauptstadt verkehrt nur noch einmal am Tag und ist auf Wochen ausverkauft. Andere, wie der aus Köln, in den ich umsteigen will, halten nicht auf dem »Gebiet der Deutschen Reichsbahn«. So werde ich nach den ersten acht Stunden Fahrt meinem Ziel praktisch keinen Meter näher gekommen sein. Sowjetunionreise . . .

Ich hätte natürlich auch mit dem Flugzeug nach gut zwei Stunden in Moskau-Scheremetjewo landen können, aber der Flughafen dort – meinte meine russische Freundin Lydia – sei fest in der Hand der Moskauer Mafia. Die Taxifahrt in die Stadt: Schlimmstenfalls werde man ausgeraubt, bestenfalls kommt man mit 100 Dollar Fahrpreis davon – für eine Strecke von 20 Kilometern. Da erschien mir die Bahn einschließlich Umweg dann doch als das kleinere Übel, zumal sich die Redaktion zur Beschaffung der Fahrkarten der Dienste einer so renommierten Firma wie Hapag Lloyd bedienen konnte. So brauchte ich bei den Sekretärinnen nur noch mein Ticket abzuholen: Berlin–Hannover–Berlin–Moskau, Waggon 257, Bett 21.

Im Zug nach Hannover sortiere ich meine Sachen und Dokumente, verstaue die Reizgas-Flasche, die mitzunehmen mir Lydia dringend empfohlen hatte, tief unten in meiner roren Kraxe, auf der in großen kyrillischen Buchstaben der Name des bulgarischen Herstellers prangt.

Drei Stunden Aufenthalt dann im Niedersächsischen. Ich suche eine stille Ecke auf dem Bahnhof, stelle mein Gepäck vor eine Reisebüro-Filiale und lege den Kopf auf den Rucksack. Minuten später kommen drei sehr breitbeinig laufende Männer in schwarzen Klamotten und Knöchelstiefeln, Schlagstock am Gürtel, auf mich zu. Sie bleiben wortlos vor mir stehen, mustern erst mich, dann das kyrillische Etikett. »Los, steh auf! Beweg dich!« Ich sage nichts. Auf ihren Jacken steht »Compass Security«. »Wohl nix verstehn? Pollack? Russ? Zigeuner?« Einer zerrt mich am Ärmel hoch . . .

Endlich fährt der Moskauer Zug ein. Ich kämpfe mich durch das Gewimmel drängelnder, schreiender Männer und Frauen, die versuchen, Unmengen von Paketen und Bündeln gleichzeitig zu schleppen, und finde »meinen« Waggon 257. Zwei grau uniformierte Schaffner mit dunklen Schlipsen und akkurat sitzenden Dienstmützen, ein älterer und ein jüngerer, wachen vor der Tür. Wortlos weisen sie Dutzende Hände zurück, die ihnen 10- und 50-Mark-Scheine reichen wollen: »Keine Plätze!«

Ich habe eine Bettkarte, ich drängle mich vor. Der ältere der Waggonbefehlshaber schaut sich meine Fahrkarten lange an. Zu lange. Dann gibt er sie zurück. »Es fehlt das Billett für den Bettplatz. Kein Einlaß!« Nein, denke ich, nur das jetzt nicht. Ich rede und rede, agitiere, welch großes Unternehmen die Hapag Lloyd sei. Er sagt: »So groß etwa wie die Sowjetunion? . . . Na also! Hier ist sowjetisches Territorium!« Gnädig schickt er mich schließlich zum Hauptschaffner im zweiten Waggon. Der hört mich nicht einmal an. Ich gehe zurück und lüge, daß der Hauptschaffner gesagt hat, ich dürfte im Zug bezahlen.

Einlaß. Am Fenster steht eine junge Frau. Graugrüne Augen, gelbe Haarschleife und rote Sommersprossen. Sie lächelt, und ich reiche ihr mein Gepäck durchs Fenster. Der ältere Schaffner, wohl vorerst befriedigt von meinem untertänigen Gestammel, weist mir eine Koje ganz oben zu. Auf der untersten sitzt ein sehr kleiner schmächtiger Mann. Die mittlere ist noch frei und bleibt frei. Ich grüße den kleinen Mann auf russisch, er antwortet deutsch mit Akzent. Drei Jahre sei er, Paul Haberkorn, schon in Deutschland, im kleinen Ort Oststeinbeck bei Hamburg. »Endlich in meine Heimat.« Er sei als Deutscher an der Wolga geboren, in Josefthal bei Kamyschin. Ich sage ihm, daß ich vor zwei Jahren in Kamyschin war. Er kann es nicht glauben, aber ich nenne ihm die Dörfer dort, und er nickt. Beginnt von den Sommernächten an der Wolga zu schwärmen: gebratene Fische am Feuer und süße, saftige Melonen . . .

Als Stalin 1941 alle Wolgadeutschen in die Kälte Sibiriens, die Dürre der kasachischen Steppen und die Glut der asiatischen Wüsten verbannte, war Pawel Gaberkorn 19 Jahre und Lehrerstudent in Engels, der Hauptstadt der deutschen Wolgarepublik. »Ich hatte gerade Ferien, erholte mich im Kaukasus. Man ließ mich nicht noch einmal nach Hause zurück, brachte mich mit anderen Deutschen in Viehwagen nach Perm. Meine Mutter verschickten sie nach Sibirien. Ich fand sie erst lange nach dem Krieg wieder. 17 Jahre habe ich in der Verbannung Bäume fällen müssen.« Er krempelt langsam die Hosenbeine hoch. Eine große violette Narbe zieht sich über den Unterschenkel. Der Aufseher im Lager sei ein Jude gewesen, »ein deutscher Jud! Er wollte sich an uns für Hitlers Verbrechen am jüdischen Volk rächen.

Stundenlang mußten wir barfuß im Schnee stehen, wenn einer umfiel, hetzte er die Hunde auf ihn. Drei Mann aus unserem Lager haben ihm bei einer Kahnfahrt eine Schlinge um den Hals gelegt und ihn ersäuft. Sie bekamen zusammen lediglich 9 Jahre, es war Gott sei Dank nur ein deutscher Jud.«

Der Schaffner, nun schon ohne Schlips und Mütze und nach Wodka riechend, befiehlt mir, sofort in den zweiten Waggon zum Hauptschaffner zu gehen.

Die junge Frau steht immer noch oder schon wieder am Fenster. Ich bedanke mich für ihre Hilfe, frage nach ihrem Namen. Irina. Geschichtslehrerin in Moskau. Zu Besuch bei ihrer Freundin in Magdeburg gewesen, in der DDR. Und sie fügt hinzu: »Im früher sozialistischen Deutschland.« Dann erklärt sie mir, daß ich die Schaffner dieser Züge nicht mit den normalen Russen vergleichen dürfe. »Wer auf solch einer Linie Schaffner wird, muß zuvor an die Mafia 10 000 Rubel bezahlen, solch ein Posten ist heute sehr teuer.«

Ich finde den zweiten Wagen und den zweiten Hauptschaffner. Der erste schläft schon, und auch für 100 DM darf der zweite kein Billett schreiben. Ich solle an der Grenze in Frankfurt noch einmal kommen . . .

Bevor wir das Licht löschen, erzählt mir Paul Haberkorn, wie gut er sich in Oststeinbeck eingelebt hat, daß er sogar die Papiere für die neu ankommenden Wolgadeutschen ausfüllen würde. Er bekäme eine schöne Rente, über tausend Mark, die Frau ein bißchen weniger. Drei von seinen fünf Kindern wären schon hier, die übrigen zwei und die vielen Enkel würde er noch holen. Schließlich dürfe das Deutschtum in seiner Familie nicht untergehen, dort in Rußland . . .

Später zeigt er mir stolz seinen sowjetischen Paß. Er hat die Staatsbürgerschaft behalten: Pawel Fjodorowitsch Gaberkorn. Und als ich fast schon schlafe, sagt er unvermittelt: »Moosbeeren sammelten wir immer, sie heilten den Bluthochdruck von meiner Frau. Moosbeeren. Jeden Sommer habe ich sie in Deutschland gesucht. Aber sie wachsen hier wohl nicht . . .«

Frankfurt erreichen wir gegen 5 Uhr. Der Schaffner weckt uns vor der Paßkontrolle. Mich schickt er erneut in den zweiten Waggon. Der erste Schaffner ist wieder munter. Nach langem Palaver – die Bettkarte koste 102 DM – lege ich 110 hin. Zusammen mit dem zweiten multipliziert und dividiert er eine Ewigkeit auf dem Taschenrechner. Der Preis müsse nach dem Wirtschaftskurs . . . Erst als ich einige Scheine zulege, geht es ohne Taschenrechner.

Zum Frühstück serviert der Schaffner Tee. Nach russischer Sitte packen der kleine Mann von der Wolga und ich unsere Vorräte gemeinsam auf den Tisch. Jeder nimmt sich davon, was er möchte . . . Mit vollem Mund erzählt Pawel Gaberkorn, daß er nach der Verbannung in einem kirgisischen Weinkolchos bei Frunse (an die Wolga durften die Deutschen nicht zurück) gearbeitet hat. »Ich wurde für meine gute Arbeit Brigadier, hatte 120 Leute unter mir. Obwohl ich kein Kommunist war, hat mir sogar der erste Parteisekretär von ganz Kirgisien gedankt. Ich saß bei Konferenzen oft im Präsisidium, erhielt ein Auto auf Staatszuteilung – einen ‚Wolga', aber als er geliefert wurde, nahm ihn unser Kolchosdirektor, er war ein Jud, und mir überließ er den Lada.«

Der Schaffner, das Hemd weit offen, sieht meine Schnapsflasche und setzt sich zu uns. Stellt sich vor. Pjotr Iwanowitsch. »Pjotr – wie Peter, Peter der Große.« Ich schätze ihn auf über Fünfzig. Er hätte bemerkt, daß wir deutsch sprechen, aber der Kleine hier sei doch ein Russe! Paul Haberkorn wehrt sich. Stalin habe ihn vertrieben von der Wolga, aus seiner deutschen Republik. »Hoho, Stalin«, murrt Pjotr Iwanowitsch, »Stalin hat niemanden vertrieben!« Vielleicht sein Geheimdienst, aber Stalin, nein. Er lasse Stalin von keinem Deutschen beleidigen! Der kleine Mann duckt sich. Dann fragt mich der Schaffner, aus welchem Deutschland ich komme. Ich zeige den blauen Paß, und er legt mir die Arme um die Schulter. Sagt, daß wir Kommunisten zusammenhalten müßten und fordert mich auf, die Flasche noch einmal zu öffnen. Ich frage ihn nach dem Verbot der KPdSU. Er winkt ab. »Kommunisten kann man nicht verbieten!«

In der polnischen Hauptstadt hält der Zug nur kurz. Der Bahnsteig ist schwarz von Menschen, doch nur ein paar davon steigen ein. »Sie fahren jetzt lieber in die andere Richtung«, sagt Irina, die wieder am Fenster steht.

Auf einer kleinen polnischen Station Lokwechsel. Beine vertreten. Gemeinsam mit einem Mann aus unserem Nachbarabteil, der akzentfrei deutsch und fließend russisch spricht. Er interessiere sich für russische Politik, Kultur und Wirtschaft, sagt er. Wäre in Handelsgeschäften unterwegs. Später dann: Nun ja, er sei 1974 mit sechsundzwanzig aus dem tadshikischen Duschanbe nach Deutschland ausgereist. Seine Mutter sei eine Deutsche aus der Ukraine, sein Vater ein deutscher Kriegsgefangener, der in der Sowjetunion zurückblieb und dort starb, weil er die Frau nicht mit nach Deutschland nehmen durfte . . . Nun, inzwischen hätte er sich hochgearbeitet, sei ein kleiner Unternehmer. Alwin Winke, er wohne bei Bielefeld in Schloß Holte. Und dann sagt er noch einmal nachdrücklich, daß er zu den Frühaussiedlern gehöre. Er sei nicht eine von diesen Ratten, die jetzt das sinkende sowjetische Schiff verlassen würden »wie dieser Russe in Ihrem Abteil. Die Kinder von denen sprechen kein deutsches Wort mehr, sie haben russische Frauen und trinken Wodka. Aber nun studieren sie fleißig die deutschen Gesetze, erforschen, was ihnen alles zusteht, und bringen die ganze Sippe angeschleppt – weil sie angeblich ihr Deutschtum bewahren wollen. Dabei geht's ihnen nur ums gewöhnliche Fressen. Die fressen jetzt alles auf, was wir erarbeitet haben. Wir müssen die Tür endlich verriegeln.«

Alwin Winke informiert, daß der Zug lange in Brest hält. Spurwechsel. Neun Zentimeter ist die sowjetische Spur breiter. Vor einer Ewigkeit, so erscheint es mir, schrieb Weiskopf sein Buch »Umsteigen ins 20. Jahrhundert«. Hymnus auf die Republik der Arbeiterherrschaft. Von der engen Spur des Kapitalismus umsteigen auf die breite Spur des lichten Kommunismus.

Heute kann man in Brest auch Geld wechseln: eine Mark gegen 20 Rubel. Ich suche die Kasse. Der Bahnhof ist wohl nicht nur in der Nacht ein unüberschaubarer Wirrwarr von Gebäuden, Übergängen und Tunneln. In den Wartesälen liegen und hocken Hunderte Menschen auf ihren Bündeln. Eingemummt wie Schmetterlingslarven. Und stumm. Manche warten schon zwei Nächte auf ein Billett nach Moskau. Auch der Wechsel-Schalter bei Intourist hat geschlossen. Aber im Dunkel vor dem Bahnhof lauern die »privaten« Geldwechsler. Zuerst 100 DM für 2000 Rubel, dann für 2100. Ich tausche nicht.

Der Bahnsteig ist leer, als ich zurückkomme. Wartet unser Zug noch beim Spurwechsel? Was aber, wenn er schon weg wäre? Ich sprinte kopflos von Bahnsteig zu Bahnsteig, von Wartesaal zu Wartesaal, finde in einer Wache einige Grenzoffiziere. Einer zeigt mir das Gleis, auf dem unser Zug nach dem Spurwechsel zurückkommen soll. Als ich immer noch ungläubig bin, stiefelt er mit mir 15 Minuten über Schienen und Waggonteile bis in eine Hunderte Meter lange Halle. Dort steht unser Zug, in einzelne Wagen auseinandergekoppelt. Ich klettere in Nr. 257, bevor er von gelben Hebebühnen emporgehievt wird.

Unten schuften die Arbeiter mit Brechstangen und riesigen Schraubenschlüsseln. Sie lösen die schmalen Radsätze, halten die heranrollenden tonnenschweren breiteren mit den Händen an, schrauben, stemmen, schlagen. An der Seitenwand der Halle hängen noch die Wappen aller Unionsrepubliken einträchtig nebeneinander. Und die Arbeiter sehen in ihren zerschlissenen Klamotten wie die auf den Revolutionsgemälden von 1917 aus. Nur andere Gesichter haben sie.

Nach einer Stunde rollt unser Zug auf der breiten Spur zum Bahnhof zurück. Vor dem Gangfenster tauchen sofort drei junge Männer auf. »Mark wechseln?« Im Lichte sehen sie freundlicher aus. Einer sagt, als ich ihn nach seiner Arbeit frage, daß er einen Elektrokarren fährt und knapp 500 Rubel im Monat verdient. Aber davon könne er Frau und Kinder nicht mehr ernähren. Ein Kilo Fleisch 20 Rubel, ein Paar Kinderschuhe 200 Rubel. Sie reichen 2100 Rubel zum Fenster herein. Wir sollten nachzählen. Sie bräuchten die harte Mark, um Waren zu beschaffen, die sie dann mit Gewinn weiterverkaufen würden. Davon könnten sie leben!

Wie lange, frage ich.

Solange diese Züge fahren und hier anhalten, sagen sie.

Nach der Abfahrt prüft Paul Haberkorn, ob die Rubel echt sind. Er hält sie gegen das Licht und nickt zufrieden. »Ja. Er schimmert durch, die sind echt.« Lenin als Wasserzeichen-Garantie.

Was wird mit ihm in seinem Mausoleum, frage ich ihn. »Man soll ihn wie jeden anderen Sterblichen in der Erde begraben. Neben seiner Mutter in Sankt Petersburg.«

»Und Sie, Sie wird man einmal in der fremden Erde und nicht neben dem Vater an der Wolga begraben?«

Er schweigt lange. Dann sinniert er: »In Deutschland kostet ein Begräbnis wahrscheinlich 5000 D-Mark. Zu Hause wurden alle ohne Bezahlung beerdigt, der Staat schenkte den Angehörigen sogar noch ein Trauergeld. Und für 200 Rubel erhielt man ein prächtiges Denkmal, einen Stein mit seinem Porträt aus Porzellan – wie für die Ewigkeit . . . «

Vor dem Einschlafen erzählt Pawel Gaberkorn wieder von seiner Arbeit früher im kirgisischen Weinkolchos. »Meine Brigade war die beste, und mein Porträt hing drei Jahre auf der Unionsausstellung in Moskau. Und dann hat die Partei mir für meine Arbeit mit dem Leninorden gedankt. Mit dem Leninorden! Ich habe ihn bei der Ausreise nach Deutschland mitgenommen. Alles andere, die Urkunden und Fotos, alles was an Rußland erinnerte, hat der sowjetische Zoll beschlagnahmt. Aber den Orden hatte ich am Körper versteckt, wie ein Heiligtum.«

Den Orden. 2 DM pro Stück . . .

Die Hände der Babuschka

ODER: »Unsere Partei ist der Hunger, unser Führer ist das Brot«

Der erste Schnee – in diesem Winter fällt er in Moskau am dritten Dienstag im Oktober – macht die Stadt noch schmutziger. Aber wegen dieses grießkörnigen Schneegraupels setzt hier noch niemand eine Pelzmütze auf, es ist die Zeit der Kopftücher, der Pudelmützen und der Hüte. Ich jedoch habe nur eine Pelzmütze mitgenommen, laufe also barhäuptig durch die nassen, kalten Straßen und ziehe den Kopf ein wie eine erschreckte Schildkröte.

Ich möchte in Moskau erleben, was sich nach der Niederlage der Putschisten, nach der Demütigung Gorbatschows und dem Sieg von Jelzin verändert hat. Aber mich friert; nach zwei Stunden Fußmarsch durch die Stadt habe ich nasse Schuhe, wische mir immerzu die Augen trocken und stelle mich vor einem der leeren Geschäfte – nein, nicht an einem Brotladen, wo Hunderte Menschen ausharren – unter die Tür. Frage die Hineingehenden und Herauskommenden: »Entschuldigen Sie bitte, was hat sich in Ihrem Leben und dem Leben Moskaus nach dem Putsch geändert?«

Aber niemand antwortet. Ich frage . . . , sie gehen schweigend vorbei. Mir gegenüber am Eingang zur Metro-Station »Dimitrowskaja« sitzt eine alte Frau auf einer schmutzigen Decke. Schwarzes Kopftuch, dicker grauer Mantel und Gummigaloschen – eine russische Großmutter, Babuschka. Sie hält beide Hände zusammen; eine offene, rissige Schale. Zwei Kopekenstücke liegen darin. Die Moskauer gehen an ihr vorbei, als ob sie keine Augen haben, und sie gehen an mir vorbei, als ob sie keine Ohren hätten. Endlich bleibt ein Mann, vielleicht fünfzig, grauer Anzug unter dem Mantel, abgewetztes »Diplomaten-Köfferchen« in der Hand, vor mir stehen. Fragt, woher ich sei. Und Freundschaft und Auskunft erheischend, sage ich nicht »BRD«, sondern »DDR«. Und er kopfschüttelnd: »Weshalb fragen Sie die Leute hier solchen Unsinn – was soll ich Ihnen darauf antworten? . . . Wann waren Sie das letzte Mal in Moskau?« »Vor einem Jahr.« »Und was würden Sie antworten? Nun, was hat sich seitdem verändert?« Ich sage: »Es gibt noch weniger zu kaufen.« »Ja«, sagt er, »nur das hat sich verändert. Nur das . . . Die Leute haben für nichts mehr Zeit. Ein ganzes Land ist unterwegs, um irgendwo irgend etwas zu kaufen. Sie reisen umher, um etwas zu kaufen, was andere auch nicht produziert haben, weil auch die nur unterwegs sind, um etwas zu ergattern . . . « Er öffnet sein Diplomatenköfferchen und zeigt mir eine dunkelblaue Tüte, ein Kilo Zucker. »Das ist meine Talon-Ration für Oktober. Um 10 Uhr habe ich mich angestellt, jetzt habe ich ihn bekommen.« Es ist 16 Uhr. »Und Ihre Arbeit?« Nun, er hätte seinem Abteilungsleiter im Büro für Gartenarchitektur eine Schachtel Zigaretten mitgebracht. »Sehen Sie, das hat sich verändert: Wenn man früher einen Tag bei der Arbeit fehlte, bekam man für drei Tage den Lohn abgezogen; heute, wo jeder weiß, daß man die Familie vor dem Hunger bewahren muß, bekommt man für eine Schachtel Zigaretten den ganzen Tag frei . . . «

Ich tappe in meine Unterkunft bei Lydias Eltern. Tschai – heißer Tee – und Wärme. Die Mutter, immer noch Mitglied der KPdSU, schimpft: »Gorbatschow hat schuld! Er ließ alle Barrieren, alle Hemmnisse der Gesellschaft niederreißen. Das ist, als ob man einen gestauten Fluß umleiten will und die Dämme zerstört, bevor das neue Flußbett gegraben ist. Hauptsache, der Damm ist weg, einen neuen Lauf soll der Fluß sich selbst suchen . . . «

»Und wohin?« Sie zuckt mit den Schultern. Und streut Krümel vom trockenen, schwarzen Brot in eine Schale, die auf dem Balkon neben den leeren Töpfen und Konservengläsern steht. Die Spatzen in Moskau scheinen mir größer als die zu Hause. Sie sehen aus wie aufgeplusterte, gewichtige russische Natschalniks, die sich um die größten Brotkrümel streiten . . . Herrgott, denke ich, willst Moskau und die Moskauer begreifen und beschäftigst dich mit Spatzen. Aber Moskau war immer nur eine Durchgangsstation für mich. Kreml und GUM, Mausoleum und Metro. Von hier aus habe ich die Sojus noch nie begriffen.

Nicht zu übersehen: kaum noch Losungen an den Wänden und keine roten Fahnen, dafür die blau-weiß-rote von Rußland. In den Metro-Stationen unzählige junge Zeitungsverkäufer, die unzählige neue Zeitungen anbieten. Primitiv vervielfältigte Blätter verlangen: »Alle ehemaligen Kommunisten auf die Felder um Moskau schicken, damit sie dort Kohl und Kartoffeln für das Volk anbauen . . . « Auch »erotische Zeitungen« gibt es, schwarz-weiß und so schlecht gedruckt, daß die drängelnden Männer – alte kopfschüttelnde und junge mit leuchtenden Augen – trotz der weit geöffneten Schenkel und der üppigen Brüste das Wesentliche nur ahnen können. Daneben ein Mütterchen mit Gebetsblättern, besser gedruckten Ikonenbildern und Kirchenzeitungen, die behaupten: »Gott lebt, Gott gibt uns Brot!« Vor den Metro-Stationen stehen noch die vielen Kioske, in denen früher Frauen mit ihren Kugelrechenbrettern saßen und Schaschlik, Konfekt und süße Brötchen verkauften. Heute sitzen dort modisch gekleidete junge Leute (fast nur junge) und bieten – so verkünden es wie ein schlechter Witz die Reklamebuchstaben – »Towary dlja Was« – Waren für Sie – an: die Flasche Kognak für 300 Rubel, Schuhe für 1000 Rubel, Jacken für 4000 Rubel, Schokolade für 60 Rubel, Dosenbier für 35 Rubel, Kaugummi für 3 Rubel das Stück . . . Ein langgedienter Lehrer hat hier immerhin die Freiheit, für sein Monatsgehalt zwischen einer Flasche Kognak oder 100 Kaugummi zu wählen.

Am Nachmittag fahre ich zum Kreml. Die meisten einheimischen Touristen lassen sich jetzt auf dem Roten

Platz mit Jelzins frischbemalter Pappfigur fotografieren. Gorbatschow, die Farben schon nicht mehr leuchtend, steht verschmäht daneben.

Die Schlange vor dem Lenin-Mausoleum kommt mir heute länger vor als bei früheren Besuchen.

Vor dem Platz ein Menschenauflauf. Vielleicht hundert Leute stehen in kleinen Gruppen zusammen. Ich hebe ein Flugblatt auf. »Gegen Jelzin! Gegen Gorbatschow! Für Brot!« Ich schaue in ihre Gesichter. Sie sind älter als die Gesichter der Menschen bei den Feiern zum Jelzin-Sieg. Ich stehe lange, bevor ich es wage, nach ihren Berufen zu fragen. Fast jeder antwortet: Rabotschij – Arbeiter. Eine Gruppe schreit: »Weg mit den neuen Handels-Spekulanten! Weg mit den alten Natschalniks!«

Ein Kriegsteilnehmer (ich erkenne ihn an den Orden verschiedener Schlachten) sagt mir: »Morgen werden sich vielleicht Tausende Arbeiter hier versammeln. Und dann werden wir die korrupten Führer verjagen; wie 1917 . . . « Ich frage ihn, ob er ein Kommunist oder ein Demokrat sei. Das wäre heutzutage völlig egal, sagt er. »Unsere Partei ist der Hunger und unser Führer ist das Brot!«

Ich kaufe bei einer der mit Blumen spekulierenden Händlerinnen fünf rote Nelken für Lydias Mutter. Rote Nelken! Wann wir schreiten Seit' an Seit' und die alten . . .

Steige an der Station Teatralny ein. Für 15 Kopeken (das entspricht nicht einmal einem Pfennig der Deutschen Mark – Wahnsinn!) kann man immer noch stundenlang in Moskau umherfahren – und steige an der Dimitrowskaja aus. Diese Station ist erst vor einem halben Jahr eröffnet worden. Hier hat man auf Prunk und Glanz, auf Gemälde und Marmor verzichtet. Nur noch holzgetäfelt – aber wahrscheinlich trotzdem für Millionen gebaut. Hunderte Meter entfernt in einer Nebenstraße stehen zwei Krankenwagen. Eine blutüberströmte alte Frau wird weggefahren. Sie ist vor der Haustür gestürzt. Der Betonboden dort besteht aus vielen tiefen Löchern. Lediglich die Eisenbewehrung ist noch fest – sie ragt in die Luft, hat nichts mehr zu halten, läßt nur noch die Leute stolpern. Und der Fahrer des zweiten Krankenwagens beginnt, sie mit Flüchen, Hammer und Meißel auseinanderzuhacken. Damit niemand mehr stolpert! Nein, nicht die Löcher wieder vergießen, ebnen – es fehlt auch an Zement – nein, einfach die Bewehrung, die früher alles zusammengehalten hat, auseinanderschlagen. Ich denke: Ja, das ist es! Nichts neu machen, nur die letzten Hindernisse öffnen.

Dieser verdammte, schmutzige, nasse neue Schnee. Ich fluche auf ihn und verwünsche die Stadt. Lydias Mutter, dieser gute Mensch, serviert mir heißen Tee. Ihr Mann bittet mich, ob ich zum Andenken ein Foto von ihm machen würde. Mit allen Orden aus dem Großen Vaterländischen Krieg.

Als ich mich gewärmt habe, beobachte ich wieder die Spatzen auf dem Balkon. Sie sind wirklich größer als bei uns, denke ich . . . und schreibe es mir auf.

Dann rufe ich Aljoscha, einen Freund in Kaluga, an. Ich sage ihm, daß ich weg muß aus Moskau. Dieser nasse neue Schnee . . .

Am nächsten Morgen fahre ich von Moskau mit der »Elektritschka« nach Kaluga. 180 Kilometer, drei und eine halbe Stunde. Fahrpreis 4 Rubel, umgerechnet 25 Pfennig! Nichts stimmt mehr.

Der Zug steht schon zwei Stunden vor der Abfahrt auf dem Kiewer Bahnhof. Obwohl die großen Waggons (60 Sitzplätze) ungeheizt sind und ungeheizt bleiben, ist es drinnen wohl wärmer als in der nassen Kälte draußen.

Ich setze mich hinein. Außer mir hocken schon ungewöhnlich viele Fahrgäste auf den Holzbänken. Kartenspieler und Betrunkene, junge Mütter, die ihre Kinder füttern, Frauen mit Taschen, vollgestopft mit Brot. Sie beschnuppern es lange, brechen zuerst das schwarze, kosten, rümpfen unzufrieden die Nase. Brechen das weiße, nicken zufrieden und legen es zurück in die Taschen.

Mir gegenüber sitzt sehr gerade, unbeteiligt vom Geschnatter der Weiber, dem Fluchen der Spieler und dem Schnarchen der Trinker, ein vielleicht 50jähriger Mann, unter dem Mantel graues Hemd und blauen Schlips. Er bleibt auch noch sitzen, als eine halbe Stunde vor Abfahrt die Spieler, die Trinker und die fütternden Mütter wieder aussteigen und dafür viele Leute mit prallgefüllten Taschen und Rucksäcken einsteigen. So stelle ich mir die Hamsterfahrten 1945 in Deutschland vor. Je später sie kommen und sich um die letzten Stehplätze drängeln, um so größer werden ihre Taschen, Bündel und Säcke.

Sie steigen von Station zu Station wieder aus, neue Leute kommen nicht.

Aljoscha wartet auf dem Bahnhof. Er ist 24, Student am Pädagogischen Institut im letzten Jahr, spricht sehr gut deutsch, hat einen viel zu kleinen Hut und einen viel zu langen Mantel. (»Ich habe ihn geschenkt bekommen.«)

Er wohnt mit seiner Frau Swetlana und dem zwei Monate alten Mischa bei seinen Eltern in einer Dreizimmerwohnung im Stadtteil Spitschki (Streichhölzer), benannt nach der größten Fabrik hier, einer Streichholz- und Möbelfabrik. Arbeiterviertel.

Neubauwohnungen. Sie sollen privatisiert werden. Die Mieter können sie privatisieren, also kaufen, ohne dafür bezahlen zu müssen. Die Stadt will sie im Gegensatz zu anderen Neubauten kostenlos abgeben, denn sie stehen auf einem Friedhof, von dem die Toten zuvor nicht umgebettet wurden. (»In den Kellern riecht man es, hat eine Frau der Stadtverwaltung gesagt!«)

Aljoschas Mutter ist Lehrerin für Literatur und russische Sprache, der Vater Ingenieur in einem Kalugaer Rüstungsbetrieb. Der Mann steht – das ist in Rußland selten – in weißer Schürze in der Küche und kocht. Prasdnik, Feiertag – ein

Gast ist gekommen. Die gesamte Fleischration für den Monat Oktober wird aufgetischt.

Die Familie stammt aus einer kleinen Stadt im Gebiet Saratow. Mutter und Vater gingen dort schon zusammen in den Kindergarten. Der Vater erinnert sich an viele Stapel Bücher in der Wohnung der Mutter. Sie war Lehrerin, und die Wolgadeutschen, die im Ort wohnten, hatten, als sie 1941 verbannt wurden, ihre Bücher zu ihr gebracht. »Wir wußten natürlich nicht, welche Schätze das waren, wir rissen die Seiten heraus und bauten Flieger daraus. Aber die Muter verbot es, denn die Geheimpolizei hatte solch einen Flieger gefunden, es war die Titelseite vom ‚Kapital' von Marx. Sie sahen die deutschen Schriftzeichen und wollten die Familie deshalb als deutsche Agenten verhaften.«

Die Agentenangst hätte ihn ein Leben lang begleitet, auch später, als er hier in der Rüstung arbeitete, insgesamt nun schon 30 Jahre. Alles sei höchst geheim gewesen, hundertfach gesichert, und dann habe er solch ein höchst geheimes Thema, das er jahrelang bearbeitete, in einem englischen Lehrbuch ausführlich beschrieben gefunden. »Auch die normalsten Dinge wurden bei uns zur geheimen Sache erklärt, denn je mehr geheime Dinge, um so mehr Sterne für die Generäle, um so mehr Orden für die Direktoren, um so mehr Geld für die großen Chefs.«

Spät abends bringt mich Aljoscha in mein künftiges Quartier, in das Haus seiner Großmutter, seiner Babuschka Jelena Frolowa. Es steht am Rande der Neubausiedlung in der Straße Belinskowo ein altes russisches Holzhaus. Warm ist es drinnen. Ein Gasofen, er funktioniert nach dem Prinzip unserer alten Backöfen, brennt. Die Babuschka sitzt im Sessel, eine grauweiße Katze auf dem Schoß. Sie steht langsam und mit Mühe auf, lächelt, hat gütige Augen. Es würde nicht mehr so schnell gehen, sie sei schon 82 Jahre. Aber mein Bett wäre fertig. Sie hat sorgsam jede Falte glattgezogen.

Autos gäbe es keine in dieser Straße, ich würde ruhig schlafen, sagt sie.

Ich schlafe sehr lange. Die Babuschka hat schon Tee gekocht und den Tisch gedeckt. Brot und Marmelade aus Beeren vom Garten vor dem Haus. Das Haus hat zwei Zimmer, eines für die Babuschka und eines für mich, dazu eine kleine Nische, in der die Babuschka schläft. Keller gibt es keinen, nur eine Klappe im Fußboden.

Vor zwei Jahren hätten die Tochter und der Schwiegersohn sie hierher geholt und ihr dieses Häuschen geschenkt. »Sie mußten dafür ihr Auto verkaufen – ich habe gute Kinder.« Sie geht zum Herd, holt neues Wasser für den Tee. Unter dem Griff des Topfdeckels steckt ein Kork – so kann man sich nicht verbrennen.

»Nun, das Leben«, sagt sie, »das Leben war schwer. Mein lieber Mann war der Sohn des höchsten zaristischen Schulverwalters im Kreis . . . «

Sie zeigt mir die Waschgelegenheit im Holzhaus. Ein Behältnis, oben Milchkanne, unten Trichter, hängt über dem Waschbecken. Es ist verschlossen durch einen Stöpsel im Trichter. Wenn man ihn hochdrückt, läuft das Wasser. Eine Hand brauche ich zum Hochdrücken, wie aber mit der anderen waschen? Die Babuschka zeigt es mir. Sie formt ihre Hände zu einer Schale, die Schale drückt den Stöpsel hoch, das Wasser läuft hinein.

Die Bettlerin an der Metro-Station in Moskau . . .

Ich wasche mich mit acht Handschalen Wasser. Es läuft in einen Eimer unter dem Waschbecken. Wenn er voll ist, wird er hinausgetragen in eine Grube im Garten vor dem Haus. Genau wie der Eimer, der in einer windschiefen Bretterbude unter der Klobrille steht.

»Als ich 27 Jahre alt war, ich hatte die zwei Kinder schon, haben sie meinen guten Mann geholt und nach Sibirien geschafft. Wie habe ich auf ihn gewartet, immer. Kassiererin bin ich geworden, und immer habe ich gearbeitet, und im

Krieg sind mir die Kinder nicht verhungert. Ich bin glücklich, ich habe beiden eine gute Bildung geben können. So bekam ich doch noch ein gutes Leben durch meine Kinder. Die Kinder, sie sind der Reichtum meines Lebens . . . Und jetzt wird man mir noch die Rente erhöhen. Weil mein Mann zur Stalinzeit getötet wurde, erhalte ich 60 Rubel zusätzlich.«

Sie will draußen auf der Straße an der Pumpe frisches Wasser holen. Ich nehme ihr die zwei Eimer ab. »Nein«, sage ich, »wir wohnen doch jetzt zu zweit in diesem Haus.«

Es hat geschneit. Der erste Schnee in diesem Winter in Kaluga. An der Pumpe nehme ich den frisch gefallenen wie früher als Kind in die Hand und koste davon.

Und freue mich . . .

Der kaukasische Ziegenbock

ODER: »Ich will kein Parteifunktionär, sondern nur noch Frau sein«

Schon als ich von meinem Quartier in die »Ostrowskaja« einbiege, sehe ich am Ende der Gasse vor einem der Holzhäuser ein kalbsgroßes vierbeiniges Vieh. Vorsichtig gehe ich näher und bleibe dann in gebührendem Abstand zu dem braunen kaukasischen Ziegenbock mit den furchteinflößenden Hörnern stehen.

Ich bin auf dem Weg zur Redaktion »Snamja«, früher »Organ des Kalugaer Gebietskomitees der KPdSU«. Gestern hatte ich am Eingang dort noch den in Stein gemeißelten Lenin-Lehrsatz gelesen, den ich als Journalistikstudent täglich wie das »Vaterunser« aufsagen mußte: »Die Presse ist nicht nur kollektiver Propagandist und Agitator, sondern auch kollektiver Organisator.« Auch der alte Kulturredakteur Viktor Chotejew sei noch im Amt, hatte man mir am Telefon gesagt. Vor einem Jahr, ich war damals mit einem Lebensmittel-Hilfstransport von Suhl nach Kaluga gefahren, hatte mich Viktor Chotejew zum Mittagessen in das »Weiße Haus«, in das Gebietskomitee der KPdSU, eingeladen. Und als dort der Speisesaal für gewöhnliche Mitarbeiter überfüllt war, hatte er telefoniert und mich danach über Treppen und Hintertüren in einen Raum geführt, in dem auf weißen Tischdecken die leckersten Speisen serviert wurden. In diesem Raum saßen Männer, nur Männer. Sie aßen schweigend. Es war der Speisesaal für den ersten Sekretär der KPdSU im Gebiet Kaluga, Genossen Waleri Sudarenkow, und seine Getreuen. Ich fragte die wortlos Schmatzenden damals, ob sie den ehemaligen Ersten im Bezirk Suhl, Hans Albrecht, kennen. Sie nickten. Ich sagte: »Er sitzt jetzt im Gefängnis.« Und in die Totenstille hinein fragte ich den Genossen Sudarenkow, ob er sich vorstellen könnte, daß das Volk sie wie in der DDR stürzt und zu Lagerarbeitern macht. Sudarenkow antwortete damals: »Ja, das ist möglich, wenn der Hunger bei uns noch größer wird.« Danach wurde das Eis serviert.

Der kaukasische Ziegenbock ist mit einem Strick an einem Baum festgebunden. Aus der Nähe betrachtet sieht er weniger gefährlich aus, er ist schon sehr alt, hat einen langen dünnen Bart, reagiert nicht einmal, als ich ihn fotografiere. Aber plötzlich geht die Tür in dem Bretterzaun des Holzhauses auf, eine Frau kommt kreischend herausgelaufen, stellt sich neben das Vieh, schreit und fuchtelt mit den Armen. Ich verstehe sie nicht, entschuldige mich, stecke den Fotoapparat weg, will gehen, aber sie hält mich am Ärmel zurück. Ich hätte sie falsch verstanden, ich dürfte den Bock natürlich fotografieren, sie bitte mich sogar darum. Es sei ihr letzter, ein Prachtexemplar, nie hätte sie ihn schlachten wollen, doch jetzt . . . Die Familie hungere, seit Monaten kein Fleisch auf dem Tisch. Vielleicht könnte ich zur ewigen Erinnerung ein Foto von ihrem letzten kaukasischen Ziegenbock machen.

Noch verstört von dieser Geschichte treffe ich Viktor Chotejew zusammen mit dem Fotoreporter Alexander Paschin beim Chefredakteur. Sie warten auf mich. Und ich erinnere Viktor an unseren Besuch im Speisezimmer des ersten Sekretärs. Ich frage, ob er weiß, was mit Sudarenkow und den anderen Gebietssekretären der KPdSU nach dem Putsch geschehen ist. Er winkt ab, sagt, daß er keinen Kontakt mehr habe, er sei auch nie ein überzeugter Kommunist gewesen. »Aber du arbeitest als Journalist in der Parteizeitung?« »Wir sind keine Parteizeitung mehr, wir sind jetzt unabhängig!« »Und während des Putsches?« Da hätten sie die offiziellen Erklärungen des Notstandskomitees veröffentlicht. »Das war die Chance für die neuen Konkurrenzzeitungen in Kaluga, sie entfachten danach eine politische Hexenjagd, aber ihnen ging es nur darum, uns, die mächtigste Konkurrenz, zu erledigen.« Sie hätten es nicht geschafft, weil die »Snamja« sich sofort von der Partei trennte. »Aber doch nicht im Herzen?« frage ich. »Darüber spricht hier keiner, die Worte Kommunismus, Sozialismus verwenden wir nicht mehr. Jetzt geht es nur noch um den Posten, um den Job. Jeder stirbt für sich allein!«

Von Viktor erfahre ich nichts über das Schicksal der ehemaligen Kalugaer Parteigrößen. Aber der Chefredakteur berichtet, daß einer der Sekretäre Vorsitzender der neuen Gesellschaft der staatlichen Monopolbetriebe, ein anderer Vorsitzender der Gesellschaft der staatlichen kleinen Betriebe und einer der Leiter der Filiale für Kommunale Strukturen geworden ist. Damit wäre die Wirtschaft in ihrer Hand. Und der erste Sekretär? Nun, der sei zwei Tage vor dem Putsch vom Parteichef übergewechselt zum Vorsitzenden des Kalugaer Gebietssowjets und habe deshalb überlebt. Zwei Tage vorher seien eben zwei Tage vorher. Und der Speisesaal für die Mächtigen? Der sei noch geschlossen, aber wahrscheinlich werde er bald für die neuen Chefs geöffnet. »Wenn die Natschalniks mit dem Volk essen müssen, wird keiner mehr Natschalnik werden wollen.«

Der Fotoreporter fragt, wo ich in Kaluga wohne, man hätte sich schon erkundigt, weil ich doch kein Zimmer in einem Hotel hätte. Ich antworte nicht. Er erinnert sich an meinen ersten Aufenthalt in Kaluga, das war vor knapp 20 Jahren. Damals hätte ich nach meiner Ankunft mit der offiziellen Delegation (in der sonst für Ausländer gesperrten Stadt) sofort allein in der Oka gebadet (das hatte ich schon vergessen), und in der zweiten Nacht sei ich nicht im Hotel gewesen, sondern wäre mit einer Studentin des Pädagogischen Instituts spazieren gegangen. (Das habe ich nicht vergessen.) Ich frage, woher er das weiß. Nun, es gäbe eine KGB-Akte. Ich sage ihm, daß diese Studentin Ljudmilla Gorbatowa inzwischen zweiter Sekretär der Kreisparteileitung in Malojaroslawez geworden sei, vielleicht könnte man herausfinden, was sie heute nach dem Putsch macht. Nein, das sei unmöglich, wie sollte man das erfahren, die alten Parteistrukturen wären alle vernichtet. Nach langem Reden holt der Chefredakteur ein kleines Heftchen aus dem Schreibtisch. Anschrift und Telefonnummer aller Nomenklatur-Kader des Gebietes Kaluga.

Ich rufe sie zu Hause an. Nach dem Putsch sei sie zwei Monate ohne Arbeit und Geld gewesen, jetzt hätte sie eine Stelle in der Dokumentationsabteilung eines Betriebes bekommen, der gemeinsam mit den Holländern in einem Jahr Gewächshäuser produzieren werde. »Und bist du noch Mitglied der KPdSU?« Sie sagt leise »ja«. Vielleicht werde ich von ihr erfahren, wie es wirklich um die Partei steht?

Zwei Tage später fahre ich nach Malojaroslawez. Ljudmilla, nun schon Mitte Dreißig, hat ihre Augen stark geschminkt, die Gesichtszüge ähneln denen einer Zigeunerin. Wir fahren nach Obninsk zu ihrer Schwester. (»Sie hat eine bessere Wohnung als ich.«) Schwester Galja ist Lehrerin, der Schwager Techniker im Energetischen Institut. Später kommt noch Ljudmillas Bruder dazu. Techniker im Meteorologischen Institut. Die zwei Frauen sind in der KPdSU, die Männer parteilos. Alle drei Familien haben einen Garten, der Tisch ist gedeckt mit selbstgemachten Köstlichkeiten: sauer eingelegten Pilzen, Heidelbeerkonfitüre, marinierten Tomaten. Rote-Bete-Salat, Johannisbeerwein. Nur den Wodka brenne man noch nicht selbst.

Wir essen, trinken und reden über die Partei. Ljudmilla: »Während der Tage des Putsches war unsere Parteizentrale im Kreis so hilflos wie noch nie: Wir telefonierten mit Kaluga, mit Moskau – aber niemand sagte uns, wie wir auf den Putsch reagieren sollten. Es war das erste Mal, daß wir keine Weisung erhielten. Eine eigene Meinung? Nun, ich glaube, daß Gorbatschow nur für die Spekulanten Gutes gebracht hat, dem Volk aber Armut und Chaos, ich bin für seine Absetzung. Als am zweiten Tag immer noch keine

Erklärung von der Partei kam, sind der erste Sekretär und ich in die Fabriken und in die Dörfer gefahren. Und zum ersten Mal haben wir nichts gesagt, sondern nur gefragt. Und die Bauern agitierten uns, daß wir es als Partei zugelassen hätten, daß nirgends mehr Disziplin herrsche; früher hätten sie Brot und Butter und Kleidung kaufen können, es würde Zeit, daß wieder Disziplin im Land herrsche.

Dann die Niederlage der Putschisten und das Verbot der KPdSU. Da haben wir unsere Parteizentrale also geschlossen und sind nach Hause gegangen. Kein Milizionär war nötig, Weisung ist Weisung! Später haben wir Parteimitglieder uns in der Stadt wieder versammelt, heimlich, aber alle wußten es natürlich, denn die in der Verwaltung der Stadt, der Miliz – alle waren ja Parteimitglieder. Wir haben gefragt, ob wir uns auflösen oder eine neue Partei gründen wollen. Nein, keine neue, sagte die Mehrheit – wir bleiben Kommunisten, wir haben keine Schuld. Für die Kommunalwahlen werden wir uns im ‚Klub der Wähler' organisieren, auch Kandidaten aufstellen, nein, ich nicht mehr – ich will jetzt endlich kein Funktionär, sondern nur noch Frau sein.« Ihr erster Sekretär habe inzwischen einen Posten im Stadtsowjet erhalten. Er sei jetzt Vorsitzender der Kommission zur Privatisierung der staatlichen Betriebe.

Die Männer haben sie erzählen lassen. (»Einen zweiten Kreissekretär unterbricht man nicht«, sagt ihr Bruder.) Dann aber gemeinsamer Widerspruch. »Von wegen unschuldig –hier in Obninsk hatten die Parteichefs in den letzten Jahren nur eines im Kopf, soviel als möglich für ihre Familien zusammenraffen, Kühlschränke, Klamotten, Konserven, Auto, Datsche . . . « Ljudmilla wehrt sich; sie wüßten doch selbst am besten, daß sie ihre Funktion für keine Privilegien mißbraucht habe. »Nein, du nicht. Aber hast du etwas gesagt gegen diese Parteispekulanten, oder hast du vielleicht etwas unternommen gegen die Parteistrukturen, die diese Privilegien ermöglichten?« Sie schweigt. Dann zu mir: »Täglich waren wir meistens zwölf Stunden unterwegs, und das für 400 Rubel . . . Und wenn du das nicht aus Überzeugung tust, dann kümmerst du dich eben nur noch um die Extras für dich.« Jetzt im Betrieb bekäme sie 150 Rubel mehr. »Und wer hat dir die Stelle verschafft?« Sie schweigt. »Die Parteileute kennen sich doch alle. Die früher anständig waren, kriegen heute wenigstens eine kleine neue Stelle. Und die früher schon Schweine waren, die machtgierigen Parteibonzen, die pachten und kaufen sich heute Fabriken und den Boden und werden Kapitalisten.«

Gott sei Dank gibt es noch viel selbstgemachten Johannisbeerwein. Themenwechsel.

Spät abends bringen wir Ljudmilla zur Eisenbahn. Der Zug hat Verspätung, wir stehen fast eine Stunde auf dem eisigen Bahnhof.

Ich sage: »Vor vier Monaten hättest du einfach angerufen und dir einen Dienstwagen schicken lassen.«

Sie nickt: »Und nun bin ich wieder ein kleiner, normaler Mensch . . .«

»Und um alle Privilegien gebracht«, sage ich.

Sie lächelt: »Meinst du, daß die neuen demokratischen Chefs in Malojaroslawez, wenn sie jetzt frierend hier ständen, sich kein Dienstauto schicken ließen?«

Drei Versuche, das Verschwinden von Brot zu begreifen

ODER: »Zur Peitsche greifen«

Wenn die Russen glauben, den Schuldigen zu kennen, spucken Sie aus, dreimal, egal, wo sie gerade gehen oder stehen: Soll ihn der Teufel holen. Das tun sie jetzt, wenn man mit ihnen über die geplante Auslieferung Honeckers spricht; da beschimpfen sie Jelzin als einen Schurken. »Wir müßten Jelzin nach Swerdlowsk ausliefern, denn dort hat er als 1. Gebietssekretär der KPdSU genauso viele Schweinereien gemacht wie Honecker in seinem Gebiet in Deutschland. Pfui Teufel!« Fragt man die Russen jedoch, wer schuld daran hat, daß es kaum noch Brot gibt, da spucken sie weder auf Gorbatschow noch auf Jelzin und auch nicht auf die Kolchosbauern, da zucken sie mit den Schultern und fangen an, endlos zu politisieren.

Nach einer halben Stunde ergebnisloser Diskussion (»Aber bei Breshnew gab es genug zu essen!«) sagt Sascha Burzew, der Präsident der Fernsehgesellschaft NIKA: »Frage die Bauern selbst – ich organisiere Benzin, wir fahren in ein Dorf.«

Erster Versuch. Ich schlage vor, ein Dorf mit höchstens 30 Häusern zu besuchen, denn je kleiner, um so durchschaubarer, das weiß ich. Sascha widerspricht: In solch einem Dorf würde ich nicht einmal mehr einen Krümel ~~vom~~ verschwundenen Brot finden. Doch ich bestehe auf einem kleinen, abseits der Hauptstraße gelegenen Dorf. Es heißt Kirejewo, 160 Kilometer von Moskau entfernt. Es gibt keinen Wegweiser nach Kirejewo und, das merke ich zu spät, auch keinen Weg nach Kirejewo. Statt dessen Traktorenspuren durch

Ödland und sumpfige Wiesen, Schlammsuhlen und dann, entlang des Flüßchens Schelow, hügelige baumbestandene Uferabhänge. Ich halte mich ängstlich am Vordersitz fest, befürchte, daß wir in den Fluß kippen. Sascha steigt jeweils nach 300 Metern aus und erkundet die nächsten Hindernisse. Derart nähern wir uns dem russischen Dorf Kirejewo.

Es steht auf einer Lichtung, umgeben von verwilderten Strauchwiesen. In der Mitte steht eine Trafostation mit einem verwundeten Betonmast, an dem schon die Eisenbewehrung zu sehen ist. Daran angebunden sind die Holzhäuser. Die kratergroßen Schlammlöcher der »Dorfstraße« sind mit Müll verfüllt. Hühner gackern, sonst ist es totenstill. Ich rüttle an den Pforten, sie sind verschlossen, die Fenster verhangen. Unsicher sage ich: »Suchen wir zuerst den Dorfsowjet und den Brotladen, dort finden wir schon jemand.«

Wir zucken unter dem Geheul eines Motors zusammen. Ein Lkw, aus dem Wald kommend, frißt sich durch den Unrat der Dorfstraße. Er bleibt stecken. Stille. Der Beifahrer steigt aus, sieht, daß drei Räder bis zu den Achsen versunken sind, und sagt: »Nu, machen wir eine Zigarettenpause!« Einige Hoftüren öffnen sich, heraus kommen eine alte Frau, zwei alte Männer und ein vielleicht Fünfzigjähriger. Sie begutachten den Lkw, beraten, dann schieben sie, werden vom spritzenden Dach überschüttet. »Zwecklos«, sage ich.

Die Frau schleppt Äste herbei, die sie unter die Räder steckt. Ich frage, wo die übrigen Dorfbewohner sind. Der Alte sagt: »Mehr leben nicht hier.« Aber die vielen Häuser? Ja, 24 Bauernwirtschaften wären es noch vor 30 Jahren gewesen. Und Äcker? »Einige tausend Hektar drumherum, es waren gute Felder, nur heute . . . « Er winkt ab. Der Motor heult wieder auf. Da schieben sie und ächzen, die vier Mushiks in alten Wattejacken und geflickten Schuhen. »Vorwärts!« Immer tiefer sinkt er ein. Nun schleppt auch der Beifahrer Holz herbei. Ich frage den Alten, wovon sie hier leben. »Wir haben ein paar Hühner und Kartoffeln und Kraut

– für uns reicht es.« »Und weshalb seid ihr die einzigen hier?« »Wir waren ein blühendes Dorf, aber vor Jahrzehnten machten uns die Partei-Natschalniks zu einem ‚Dorf ohne Perspektive'. Wie hundert andere im Gebiet: ein Dorf ohne Schule, ohne Geschäfte, ohne Wasserleitung. Die alten Menschen starben, die jungen gingen weg, und die Erde grämte sich und verkümmerte.«

Nun übernimmt die Alte das Kommando. Sie hat Reisig unter alle Räder gepackt, schreit die Männer an.

Der Lkw ruckt, und dann fassen die Räder, er rast plötzlich wie abgeschossen auf eine trockene Stelle. Aber dort steht auch der Lichtmast, ein Draht reißt, die Leute schimpfen, der Fahrer sucht einen anderen Weg – und sackt ins nächste Loch. Stille.

Ein fünfter Mensch ist vor das Haus getreten: Ein junger, die dünnen Beine nachziehender Krüppel. »Ihr seid fünf hier?« frage ich den Alten. »Nein, wir sind vier, der zählt nicht!« Und die übrigen 20 Häuser, was wird mit ihnen? »Die Aasgeier aus Moskau kreisen schon, wollen Datschen daraus machen. Aus Bauernhäusern! Und das Volk hungert.«

Die Alte hat Spaten und Schaufel geholt. Sie graben die Räder aus. Noch einmal gelingt es den Mushiks, die sozialistische Sojus (nein, ich meine den Lkw) aus dem Dreck herauszuschieben. Aufheulender Motor, Jubel, zehn Meter Fahrt. Und dann steckt er im größten Loch. Bis zur Ladefläche versinkt er. Hoffnungslos.

Zuerst geht die alte Frau zurück ins Haus, holt dann am Tragejoch zwei Eimer Wasser von der Quelle. Danach verschwinden auch die anderen.

Ich frage den Alten: »Und Brot, woher bekommt ihr Brot?« »Das Brot? Nun, ich laufe einige Kilometer, manchmal habe ich Glück und bekomme drei Kilo für uns vier Menschen hier.«

Es wird schnell dunkel. Sascha mahnt zur Eile. Eine Stunde später stecken auch wir im Wald fest . . .

Zweiter Versuch. Am nächsten Tag sage ich zu Sascha: »Fahren wir morgen einfach drauflos, und ich frage im erstbesten Dorf.« Er widerspricht, es wäre besser, sich zuvor beim Kolchos-Chef anzumelden. Doch ich winke ab.

Wir fahren also in Richtung Tula. Biegen dann ab, das nächste Dorf laut Wegweiser ist 13 Kilometer entfernt: Premischlji. Kurz vor dem Dorf kommt uns ein Pferdefuhrwerk entgegen. Zwei alte Männer sitzen auf dem Kutschbock, davor ein müder kleiner Haflinger und dahinter ein Blechcontainer auf Gummirädern. Auf dem Container steht in großen Buchstaben »Chleb« – Brot. Wir halten, fragen die Alten, ob sie uns ein Brot verkaufen. Einer schüttelt böse den Kopf, der andere fragt, ob wir Wodka tauschen könnten. Wir haben keinen Wodka. Aber wenigstens ein Gespräch, woher und wohin. Sascha sagt, daß wir für das Fernsehen arbeiten. Sie setzen sich gerade.

»Wie steht's hier mit dem Brot?« »Gut, das seht ihr doch, der Wagen ist voll beladen.« »Und wohin bringt ihr das Brot?« »Zu den Melkerinnen im Kolchos, in den Kindergarten und zum Brotladen.«

Ich will wissen, wo sie das Brot geholt haben, aber Sascha bedeutet mir, ich solle als Ausländer besser still sein.

»Backt ihr das Brot selbst?«

»Nein, wir holen es aus der Stadt, das Brot dort ist gut, weshalb also sollten wir uns diese Arbeit aufladen?«

»Liefert ihr Getreide in die Stadt?«

»Im Moment liefern wir nichts, wir warten erst, bis die Preise freigegeben werden.«

»Habt ihr früher mehr Getreide geerntet als heute?«

»Ja, früher mußten wir mehr Getreide abliefern, jetzt macht jeder das, was er gerade will. Er füttert sich ein Schwein, baut Kartoffeln und Kraut an, das reicht zum Leben und für den freien Markt.«

»Seid ihr froh, daß der Putsch im August gescheitert ist?«

»Nein, wir brauchen endlich wieder eine starke Macht, wir

brauchen wieder Disziplin, wenn nötig, mit Gewalt. Dieser Gorbatschow redet doch nur.«

»Wir haben aber jetzt die neue russische Fahne.«

»Die Farben der Fahnen, ob Rot oder Blau, sind uns scheißegal, Hauptsache, es gibt Brot in der Stadt.«

»Wollt ihr Privatgrundstücke für euch?«

»Privatgrundstücke? Ich weiß nicht, was das ist. Ich brauche hier dieses Pferd und alles, was das Pferd braucht, mehr nicht. Die mehr brauchen, das sind die neuen Kulaken, die uns eines Tages wieder auf ihren Feldern schuften lassen wollen.«

»Also seid ihr gegen die Privatisierung?«

»Aber natürlich, jeder – mein Söhnchen –, der denken kann, ist dagegen. Oder sag mal, wem werden dann die Eisenbahn, die Flugzeuge, die Wälder gehören, na, ihr Schlaumeier? Dem Zaren vielleicht?«

»Was denkt ihr über Jelzin?«

»Uns ist es gleich, unter welchem Natschalnik wir leben – unter Jelzin oder Gorbatschow oder Puschkin oder Lermontow. Hüh, nun!«

Als sie hören, daß ich deutsch spreche, halten sie noch einmal an. Schimpfen, daß sie kein Wort gesagt hätten, wenn sie geahnt hätten, daß wir »keine unsrigen« sind. Mit Ausländern über Politik sprechen sei Staatsverrat! Sie verlangen mein Visum. Nun, sie seien keine Analphabeten, hier stände: Moskau – Kaluga und Kiew, aber nichts von Premischlji. »Wenn ihr nicht sofort zurückfahrt, übergeben wir euch der Miliz.« Ich lächle. Aber Sascha sagt: »Sie lebten noch vor 40 Jahren wie alle russischen Bauern ohne Ausweis, hatten nur ein Papier, durften ihr Dorf nicht verlassen. Daran erinnern sie sich.« Sie knallen fluchend mit der Peitsche, bis wir umdrehen. Ein anderes Dorf ist nicht in der Nähe. Wir fahren zurück.

Dritter Versuch. Sascha sagt: »Am Sonntag fahren wir zu Pawel Iwanowitsch Frei. Er wirtschaftet seit zwei Jahren mit seiner Familie auf gepachteten 120 Hektar, vertritt als Präsident schon über 300 neue Farmer zwischen Brjansk und Moskau, hat mit Gorbatschow und Jelzin über die Zukunft der russischen Farmer gesprochen, ist Doktor der Landwirtschaft und wird auch über das Verschwinden von Brot Bescheid wissen. Außerdem ist er ein Deutscher, ein deutscher Russe.«

Die Fahrt in Richtung Brjansk dauert und dauert. Irgendwo sollten wir rechts abbiegen, dort in der Nähe von Boranowka würde Frei wohnen. Endlich, auf der rechten Seite ein Wasserturm. Sein dicker Eisbart reicht bis zur Erde. Um ihn herum ein Friedhof mit Hunderten von schrottreifen Kombines, Pflügen und Traktoren.

Die Wege sind gefroren, aber nicht zu befahren. Wir ducken uns im eisigen Wind, finden endlich einen Traktoristen. Wir sind schon 40 Kilometer zu weit gefahren! Vorwärts, wir müssen zurück!

Der Abzweig zum Haus von Pawel Frei führt dann nicht ins nächste Dorf, sondern in den Wald. Es ist dunkel, als wir endlich auf einer Lichtung Lampen sehen: ein aufgebockter Bauwagen! Wir gehen hinein, um nach dem Weg zu fragen. Das Innere des Bauwagens ist als Wohnung umfunktioniert. Eine kleine Küche und selbstgebaute Doppelstockbetten. Zwei junge Männer und eine ältere Frau liegen auf den Betten. Die Frau strickt weiter, die Männer stehen auf. Sie sagen uns, daß Dr. Pawel Frei, der Präsident des Farmerverbandes, hier wohne. Sie wären seine Söhne, der Vater füttere gerade die Kühe und Schafe.

Pawel Frei ist ein kleiner, freundlicher Mann, bald 60. Stolz zeigt er uns die fünf Kühe und sechs Schafe. 30 Ochsen hätten sie schon verkauft, dazu reichlich Kleesamen geerntet, im nächsten Jahr werde er es mit Kartoffeln versuchen. Die Ställe hätte er mit seinem Sohn Hermann gebaut, der wäre zur Zeit für ein halbes Jahr zum Landwirt-Praktikum in Deutschland.

Die Frau hat inzwischen »Platz« im Bauwagen geschaffen, Speck und selbstgemachte Wurst und frisches Brot und fette, süße Kuhmilch gebracht. Nun steht sie in der Tür und strickt.

Auf dem Fernseher liegen drei noch bankverklebte Geldbündel – zwei rote und ein blaues, 4500 Rubel ...

Ich will Pawel Frei nach dem Verschwinden des Brotes fragen, aber ich werde nicht fertig damit, daß sie zu fünft in diesem Bauwagen wohnen! »Wir haben ihn mit Gold bezahlt, sonst hätten wir hier nicht siedeln können. Die Farmer bekommen kein Baumaterial, keine Maschinen, keinen Dünger – alles verteilt der Staat an die Kolchosen. Also sind wir glücklich über den Wagen, einen Brunnen, 120 Meter tief haben wir schon gebohrt. Die ersten Ernten waren gut, jeder von uns hat doppelt soviel produziert wie die nebenan im Kolchos.«

»Und weshalb gibt es immer weniger Brot in Rußland?«

Frei überlegt nicht lang, kratzt sich nicht verlegen hinter den Ohren. »Niemand hat heute Interesse, Getreide anzubauen, das ihm nicht gehört, und einen Boden zu beackern, der ihm nicht gehört. Man sät und erntet nur das, was man für sich braucht; mästet lieber ein Schwein und eine Kuh zusätzlich. Früher wurde das Staatsgetreide von den Kolchosbauern mit der Peitsche, der Angst, dem Wodka und dem Paßsystem erzwungen. Ich habe noch erlebt, wie ein Kolchosaufseher meine Schwester, die fiebernd unter einem Pelz in er Hütte lag, mit der Peitsche zur Arbeit treiben wollte. Sie sprang auf, nackt wie sie war, nahm die Balalaika und zerschlug sie auf dem Kopf dieses Teufels. Seitdem spielt man in ihrem Haus nie mehr Balalaika. Von diesem Zwang sind wir nun befreit. Und noch mehr: Dank Gorbatschow kann jetzt jeder Kolchosbauer faulenzen, das ist sein demokratisches Recht. Das hat jeder sehr schnell begriffen. Aber in Wirklichkeit versteht der Bauer von der neuen Demokratie so wenig wie ein Intellektueller vom Kuhmist.

Ich habe mit Gorbatschow darüber gesprochen, er ist ein kluger Mann, der niemandem ein böses Wort sagen kann, der niemanden verletzen will. Jelzin dagegen, das ist ein richtiger russischer Bauer, mit der Erde verwurzelt, der weiß, daß man zur Peitsche greifen muß, wenn der Kolchosbauer arbeiten soll.«

Pawel Frei stammt aus einer alten deutschen Kolonie im Kaukasus. 1941 wurde er wie die anderen Deutschen in die Verbannung geschickt, seine Familie nach Nord-Kasachstan. Nun will er Deutsche aus Mittelasien, Kasachstan und Sibirien hierher holen, will in den toten Dörfern eine neue deutsche Kolonie gründen. Als private Farmer sollen die deutschen Russen die brachliegenden Felder wieder bestellen. »Aber die Russen hier im Kolchos, sie spucken mich deswegen an.«

Die Frau bringt selbstgemachten starken Wein aus Waldhimbeeren, und Pawel Frei zeigt einen der vielen Artikel, die in der letzten Zeit über ihn und seine Farm geschrieben worden sind. »Über alles berichten diese Journalisten, sogar über meine Zwölffingerdarmoperation vor 10 Jahren, aber sie wagen es nicht, die Wahrheit zu schreiben: daß nämlich auch die neuen Demokraten uns private Farmer am liebsten wieder abschaffen würden.

Als Präsident der Farmer war ich vor zwei Wochen in der Kalugaer Gebietsregierung bei dem neuen Verantwortlichen für die Landwirtschaft angemeldet. Und wissen Sie, wer dort die Privatisierung der Landwirtschaft anleiten soll? Alte, abgesetzte Kolchos-Direktoren und Parteisekretäre der Sowchosen. Ich sagte diesen Leuten, daß ich die Flurkarten des Gebietes sehen möchte, damit wir auf den vielen brachliegenden Feldern neue Farmer ansiedeln könnten: Wolgadeutsche, die schon ausreisen wollten, aber nun als Farmer bleiben würden. Da lächelten diese alten Natschalniks freundlich und sagten, daß sie mir die Flugkarten nicht zeigen dürften, es sei sozusagen ein Staatsgeheimnis. Aber ohne diese Äcker keine neuen Farmer.«

Das Brot auf dem Tisch ist frisch. »Backt ihr es selbst?« Nein, er würde es in Kaluga kaufen. »Aber vielleicht werden in zwei, drei Jahren unsere Farmer soviel Getreide ernten, daß es sich lohnt, hier eine eigene Brotfabrik zu bauen.«

Spät in der Nacht fahren wir über die Felder, zurück zur Hauptstraße. Das Licht des Bauwagens ist noch lange zu sehen.

PS: Pawel Frei bedankte sich zum Abschied, daß die Deutschen bei der Ausbildung der russischen Farmer helfen. Das sei sinnvoll. »Aber was macht ihr Deutschen außerdem für einen Unsinn: Ihr schickt Nudeln und Reis und Butter hierher! Laßt die russischen Faulenzer doch hungern! Erst, wenn sie richtig hungern, nicht einmal mehr eine Brotkrume finden, werden sie etwas unternehmen. erst dann wird hier etwas geschehen!«

»Und was wird dann geschehen?«

»Ich weiß es nicht.«

Und er spuckt dreimal aus.

Am Tag nach dem Sieg

ODER: »Das russische Zollamt tötet jetzt unsere Seelen«

Von Moskau aus ist Nowgorod Sewerski die erste ukrainische Stadt, und auch zur belorussischen Grenze sind es von dort nur reichlich 50 Kilometer. Altes slawisches Länderdreieck. Und nun künftiger Grenzort der freien Ukraine, die aus der Sowjetunion austritt, die eine eigene Währung, eigene Grenzen, eigene Zollgesetze einführt? So hatten es vor der Wahl die ukrainischen Präsidentschaftskandidaten verkündet: Krawtschuk (wie Jelzin und der kasachische Präsident Nasarbajew ein zum Nationalismus übergewechselter Altkommunist) und die wegen ihres Eintretens für eine bürgerliche souveräne Ukraine jahrelang eingesperrten Tschornowol und Lukjanenko . . .

Am Tag nach der Wahl, kurz vor Mittag, passiert unser Zug irgendwo die künftige Grenze zwischen dem freien Rußland und der freien Ukraine. Bisher war sie nur die symbolische Markierung zwischen dem russischen Gebiet Brjansk und dem ukrainischen Gebiet Tschernigow.

Buschiges, dürres Sauergras steht hier zwischen umgestürzten Bäumen. Brachland hüben wie drüben. Nichts unterscheidet, vom fahrenden Zug aus gesehen, die beiden Länder. Aber auf dem Marktplatz der 18 000 Seelen zählenden Kreisstadt findet Aljoscha sofort den alles entscheidenden Unterschied: Wurst, die man hier, ohne Schlange stehen zu müssen, kaufen kann, kostet nicht wie in Kaluga 40 bis 50 Rubel pro Kilo, sondern nur 20 Rubel.

»13 Stunden braucht der Zug von Kaluga bis Nowgorod Sewerski, dann hält er drei Stunden, in der Zeit könnte man Wurst kaufen und danach wieder 13 Stunden zurückfahren.« Er meint es ernst.

Der Mann, der sich bei der Begrüßung als 2. Vorsitzender des Stadtsowjets vorstellt, sieht sehr müde aus. Nikolai Klewenok, 40 Jahre alt, das Haar schon gelichtet, entschuldigt sich, daß sie in ihrer Stadt, mit 1000 Jahren eine der ältesten der Kiewer Rus, noch kein neues Hotel hätten. Aber weil ich der erste ausländische Korrespondent in diesem Hotel wäre (müdes Lächeln: »wenn man von den Russen und Litauern und Usbeken, die ja nun Ausländer werden, absieht«), bekämen wir eines der zwei besten Zimmer, sogar mit Dusche. Sie ist kalt wie der Heizungskörper, aber im neuen Restaurant der Stadt wärmen wir uns auf. »Heute ist ein glücklicher Tag«, sagt der müde Mann. Bis nachts um drei Uhr hätte er im Wahllokal gesessen.

»90 Prozent haben in unserer Stadt ihre Stimme für eine unabhängige Ukraine gegeben, und 70 Prozent wählten Krawtschuk als Präsidenten.« »Sie auch?« Er nickt und bestellt, »wie es sich nach unserem russischen Brauch gehört«, zur Begrüßung für jeden 100 Gramm Wodka. Und weil heute normalerweise im Restaurant kein Wodka vorrätig ist, serviert ihn uns die Kellnerin – »damit es die anderen Gäste nicht bemerken« – in großen geblümten Tassen. Danach gibt es ukrainischen Borschtsch, rot und duftend. Ich sage: »Bei Tisch funktioniert die Sojus noch: russischen Wodka in der Ukraine und ukrainischen Borschtsch in Rußland!«

Nikolai zeigt uns einige der Wahlflugblätter. »Russen in der Ukraine – wollt ihr weiter Sklaven des Imperiums bleiben oder unsere Brüder werden?« »Tschernobyl –das ist der russische Kommunismus.« (Tschernobyl liegt 400 Kilometer entfernt, aber die Windrichtung sei für Nowgorod Sewerski günstig gewesen, sagt man.) »Wer für Gott ist – ist für die freie Ukraine.« Und in einer Statistik wird der »unermeßliche Reichtum der Ukraine, den wir bisher nur an Moskau geliefert haben« im Vergleich zu Polen, Jugoslawien, Italien, Frankreich und der BRD gemessen. Danach steht die Ukraine bei der Produktion von Gas, Stahl, Traktoren,

Zuckerrüben, Getreide und Zucker an der ersten Stelle, nur bei Kartoffeln und Erdöl wird sie von Polen bzw. Italien von der Spitze verdrängt und bei Elektrizität von der BRD und Frankreich.

Ich sage Nikolai Klewenok, daß ich mir den Ort zufällig ausgesucht hätte, ich sei auf der Suche nach der ukrainischen Geschichte und ihrer Beziehung zur russischen Geschichte . . .

Und sofort nach dem Essen erscheint Valentina Gladkowa. Modische rote Mütze, roter Schal und rote Fingernägel. Sie spricht sehr schnell und leidenschaftlich. Stadtführung im Eiltempo. Plätze und Denkmäler. Lenin. Nein, er sei nicht hier gewesen. Fürst Igor. »War der hier?« Sie ist beleidigt. Ob ich das nicht wüßte, Nowgorod Sewerski sei die Heimat von Fürst Igor, dem russischen Helden, Retter der slawischen Völker vor den Krimtataren. »Er hat 18 Jahre hier gelebt, zusammen mit seiner Frau Jaroslwana.«

Ihr Denkmal steht auf einer Anhöhe über der schönsten russischen Landschaft, die ich bisher gesehen habe: der Fluß Desdna, geformt zu einem weiblichen, weichen Bogen, geädert und verästelt in Hunderten von Bächen und Rinnsalen. Darüber steht sie, die Arme erwartungsvoll ausstreckend . . .

Ein russisches schönes Weib, die legendäre Frau von Fürst Igor. Ich frage noch einmal ungläubig: »Fürst Igor, von dem Borodins Oper handelt und das weltberühmte literarische Igorlied?« Ja, genau dieser – und dann zeigt sie schon die alte Kirche, in der einst Zar Peter I. den »heiligen, ewigen Bund zwischen Russen und Ukrainern erneuerte«, dann rennt sie mit uns zum steinernen Triumphbogen, den die Nowgoroder errichteten, als Zarin Jekatherina II. zusammen mit dem englischen und dem spanischen Gesandten den armen Süden von Rußland bereiste und ansonsten nur vom Fürsten Potemkin aufgestellte, naturähnlich bemalte Kulissenbilder blühender Dörfer zu sehen bekam.

Dann zeigt sie uns das Kloster; es sei fast so schön wie das von Susdal, man könnte es zum »goldenen Ring der Moskauer Klöster« zählen. Zusammen mit kanadischen Sponsoren (»die Kanadier drucken ja auch unser neues ukrainisches Geld kostenlos«) wolle man die russische Geschichte hier für ausländische Touristen attraktiv machen. An der Klostermauer ein Bronzerelief: unzählige sich reckende, hilflose Hände. Während der faschistischen Besetzung wurden hier 15 000 sowjetische Kriegsgefangene ermordet . . . Letzte Station der Stadtführung – das kleine Museum für (ukrainische oder russische?) Stadtgeschichte. Nein, auch hier nur die Hilfe der Russen für die Stadt, die Befreiung von den Polen. Einer der Mitarbeiter, Herr Prowosim, hat uns alles erklärt, dann sitzen wir mit seinen Kollegen zusammen. Und ich stelle die Frage, die ich an diesem »glücklichen Tag« nicht hätte stellen sollen. »Ist es vom Standpunkt der Historiker nicht unsinnig, diese beiden Völker, die Russen und Ukrainer, nun durch Grenzen, Währung und Zollamt zu trennen?« Nacheinander sagen sie: »Nein, es wurde Zeit, unsere Grenzen sind unsere Freiheit.« »Die gemeinsame Geschichte ist eines –die Grenzen zum Wohle des ukrainischen Volkes etwas anderes.« Und Prowosim: »Unser Führer Krawtschuk ist ein erfahrener Politiker, wir vertrauen ihm die Ukraine an.« Und dann, um das heikle Thema zu beenden, schlägt die Stadtführerin vor, Lieder zu singen. Und sie singen die Lieder von Jessenin, dem Russen, der an der Oka geboren wurde, dem Fluß, der auch durch Kaluga fließt.

Ich gehe noch einmal in die Museumsräume, die renoviert werden. Ein junger Mann nimmt die Leninzitate und die Karten von dem Weg der Sowjetsoldaten nach Berlin von der Wand. Er hat meine Diskussion gehört und sagt fast tröstend: »Politik ist etwas Schmutziges. Dieser Krawtschuk wird aus der Union austreten, ein Grund für Rußland, es auch zu tun. Und dann werden sie, wenn die Union dadurch kaputt ist, eine neue gründen, ohne Gorbatschow, eine Sojus, in der sie die Mächtigen sind – und das Volk wird es gut finden, obwohl es doch gar nicht um das Volk geht. Das behaupten hinterher nur die Geschichtsschreiber der neuen Mächtigen.«

Im Hotel ist es immer noch kalt. Nach langem Palaver ruft jemand den verantwortlichen Heizungsnatschalnik der Stadt an. Es dauert sehr lange, bis sich der Sohn vom Heizungsnatschalnik der ukrainischen Stadt Nowgorod Sewerski meldet. Der Sohn sagt: »Entschuldigen Sie bitte, aber mein Vater befindet sich in solch einer großen Verlegenheit, und ich kann ihn schon nicht mehr aus dieser Verlegenheit befreien!« Später sitzen wir bei der freundlichen Chefin des Hauses vor dem Schlüsselbrett und trinken auch. Das hilft. Ich frage, was und wen sie gewählt hat. »Das weiß ich nicht genau, mein Mann hat für mich mitgewählt. Natürlich die Unabhängigkeit und wohl den Lukjanenko, nicht Krawtschuk, dieses Chamäleon. Obwohl: die Grenze, gut wäre sie nicht für die Touristen . . . «, sagt Maria Stodolskaja.

Am nächsten Tag fahren wir zur Grenze. Das heißt, wir haben Nikolai Klewenok darum gebeten, und er hat versprochen, ein Auto zu organisieren. Doch das ist wahrscheinlich leichter gesagt als getan, denn während wir in seinem Arbeitszimmer sitzen, klingen seine Telefonate immer hilfloser. An der Wand vor ihm hängt das Gemälde »Lenin mit Revolutionären im Smolny«, hinter ihm die Weltkarte. Am Garderobenständer lehnt die ordentlich zusammengewickelte rote Fahne. Nikolai Klewenok hat zuvor im Kreisparteiapparat gearbeitet. Dann hat er ein Auto, aber kein Benzin. »Die Russen liefern uns kein Benzin mehr.« Nach zwei Stunden hat er einen alten Jeep mit noch halbvollem Tank aufgetrieben. Sein Fahrer trägt Schlips unter einem dicken Wintermantel und eine Pelzmütze, auf die wegen ihrer Größe jeder Sibirier neidisch wäre. Michail Owsjuk – Chef der hiesigen Umweltbehörde. Er steuert den klapprigen Jeep mit artistischer Geschicklichkeit, und Nikolai erklärt die Sehenswürdigkeiten. »Das ist der Kolchos, 45 Jahre Kommunistische Partei'... Hier der Kolchos ,Weg zum Kommunismus'..., dort der Kolchos ,Leninscher Weg'.« Ich frage verwundert, ob wir uns wirklich noch in der Ukraine und nicht schon in Rußland befinden. »Aber nein«, sagt der Umweltchef, »ich kenne hier jeden Flecken wie meine Manteltasche.« Die Straße zur Grenze sei erst vor 18 Jahren gebaut worden, als Verbindung zwischen Rußland und der Ukraine, denn die Eisenbahn ende in Nowgorod Sewerski. Unvermittelt sagt er dann: »Früher waren es unsere gemeinsamen sowjetischen Flüsse, aber werden die Russen jetzt den Fluß noch sauberhalten, wenn er zu uns herüberfließt?«

Links von der Straße stehen akkurat gebaute, lange Kartoffelmieten. Der Herbst sei in diesem Jahr so mild gewesen, daß selbst der faulste Bauer alles geerntet hätte. »Wir Ukrainer werden in diesem Winter nicht hungern«, sagt Nikolai.

Vor der Zollstation fahren wir nach rechts in das letzte ukrainische Dorf Gremjatsch. Der 33jährige Kolchosvorsitzende Sergej Kuschnerenko führt uns durchs Dorf. Leninplatz und ewiges Feuer und »Ruhm der Arbeit«... Aber eine eigene Brotfabrik haben sie, und der Duft steigt mir lieblicher als Weihrauch in die Nase. Im Lebensmittelgeschäft gehen mir, der die Kalugaer Kargheit gewohnt ist, die Augen über: Butter gibt es zu kaufen und dicke Sahne und Kekse und Erbsen in Dosen, sogar Reis und Nudeln.

»Und deshalb müssen wir die Grenze zu Rußland schließen, dann wird die Ukraine ein blühendes Land«, sagt der Vorsitzende. »Keine Grenze aus Stacheldraht soll es sein, sondern eine freundliche Grenze! Denn die Russen und Ukrainer, sie leben drüben und hüben und arbeiten bei uns und umgekehrt, und wir alle hier sprechen fast nur russisch, auch ich mußte mir das Ukrainisch verkneifen, als ich vor 11 Jahren hierherkam. Nun müssen wir es die Kinder wieder lehren.« Nein, dafür brauche man keine Grenze, aber um den Markt zu schützen, außerdem müsse man anstelle der Talons nun das eigene Geld einführen. In den Kreisstädten werde man Geldwechselstellen einrichten, wo man Rubel gegen Karbowanzen tauschen könnte. Ich frage ihn, was sie für ihren Kolchos aus Rußland brauchen. »Benzin, Ersatzteile . . . , und die jungen Mädchen aus dem Nachbarkolchos zu Kulturveranstaltungen.« Die Dorfstraße ist aufgegraben. Man verlegt Rohre, um noch 20 Häuser an die Gasleitung anzuschließen. Das Gas kommt aus dem fünf Kilometer entfernten russischen Dorf Sopitschi. Der Kolchosvorsitzende fragt sorgenvoll: »Und wenn die Politiker sich nicht einigen und es gibt doch eine harte, unfreundliche Grenze, weil sie in Sopitschi den Gashahn schließen müssen?«

Zurück zur Zollstation. Sie besteht aus einem dünnen, halbgeöffneten Schlagbaum, dem Schild »Stop« und einem Containerwagen der geologischen Erkundungstrupps. Im Container ist es warm. Ein junger Offizier in der alten sowjetischen Milizuniform hört Radio, ein Soldat erhebt sich von seiner Koje. Aber natürlich, sagt der Offizier, wir könnten alles fragen. Also, verboten sei es, aus der Ukraine auszuführen . . . Der Offizier will aufzählen, lächelt hilflos, holt eine Broschüre. Dort ist aufgelistet: Waschmittel, Fernseher, Hühner, Brot . . . Ich frage: Was darf man ausführen? »Nun, vielleicht Bücher, die von Lenin und Gorbatschow!« Für alles andere brauche man eine Genehmigung vom ukrainischen Ministerium. Ob er schon viele Lkw-Ladungen beschlagnahmt hätte? Nein, die kleinen Schmuggler würden andere Wege kennen, und die großen . . . Er winkt ab. Natürlich sei er für die Grenze, er werde sie ordnetlich bewachen, zum Wohle der Ukraine. Die Pistolentasche hat er eng und akkurat umgeschnallt. Ich frage, wo er ausgebildet wurde. »In der russischen Milizschule Orjol.«

Zwei Kilometer hinter dem Zollamt schneidet die Grenze die Hauptstraße, den Acker und die Stromleitung. Aber erkennbar ist sie nur an den zwei Obelisken zu Ehren der Gebiete von Brjansk und Tschernigow. Rechts davon liegt das erste russische Dorf Sopitschi. Von hier gehen die Gasleitungen nach Gremjatsch. Schlammige Straßen. Leninpark. »Ruhm der Arbeit.«

Wir erkennen es an der Schlange vor der Tür. Man wartet auf Brot. Es gibt keine Butter, keine dicke Sahne, keine Kekse. Die Regale sind so leer, daß sich sogar die Mäuse fürchten.

Vor dem Geschäft frage ich eine alte Frau (62 Jahre, Kolchosbäuerin, 175 Rubel Rente), was sie über die Trennung von Rußland und der Ukraine denkt. Sie fragt, ob wir von Nowgorod Sewerski sind, und als Nikolai und Sergej nicken, beginnt sie, fast ohne Luft zu holen, zu schimpfen. »Ach, ihr Guten, schlecht habt ihr gestern gewählt. Was soll eine Grenze zwischen uns, haben wir euch etwa bestohlen? In diesem Sommer noch, da haben wir euch bei der Ernte geholfen. Mit diesen Händen habe ich in Gremjatsch das Korn aufgeladen, und nun schlagt ihr uns auf diese Hände, wenn wir dort Brot oder Butter kaufen möchten. Meine Verwandten wohnen in der Ukraine, als sie mich besuchten, wollten sie mir Eier und Hühner mitbringen, aber im Zollamt nahm man ihnen alles ab. Das Zollamt zwischen uns ist wie ein Messer, es tötet unsere Seelen. In Gremjatsch bin ich zur Kirche gegangen, es sind doch nur fünf Kilometer, und wir haben den gleichen Gott. Ihr Guten, da könnt ihr doch keine Grenze machen. Unsere Grenzen, das sind nur die Produkte, die manche haben und andere nicht – sie versteinern unsere Herzen. Eine Grenze zwischen Gremjatsch und Sopitschi ist nicht der Wille Gottes, er ist nicht verantwortlich dafür, es ist das Werk schlechter Menschen.«

Ich frage nach ihrem Namen. »Alexandra Bonak.«

Nikolai sagt: »Aber das ist doch ein ukrainischer Name.« »Ja«, sagt sie, »ich bin eine Russin, aber mein Mann stammt aus Schepatkin, gleich hinter der Grenze.«

Wir fahren am Zollamt vorbei und zurück in die freundliche kleine Stadt Nowgorod Sewerski. Aljoscha kauft vier Kilo Wurst für seine Familie und die Familie der Schwiegereltern.

Nikolai Klewenok bringt uns zum Zug nach Moskau. Der Zug hat 28 Waggons. Unsere Wagenschaffnerin sagt, daß dieser Zug später vielleicht nur innerhalb von Rußland zwischen Moskau und Brjansk verkehrt und lediglich drei oder vier Wagen von Nowgorod Sewerski nach Brjansk fahren. »Dann werden sie mich nicht mehr brauchen.«

P.S. Seit unserer Abfahrt aus der Ukraine ist eine Woche vergangen. Gestern brachte mir Aljoscha eine Zeitung mit dem Wortlaut der Erklärung, daß die Präsidenten von Rußland, Belorußland und der Ukraine die bisherige UdSSR aufgelöst und an ihrer Stelle eine neue Vereinigung unabhängiger Staaten gegründet haben. Wenn wir heute noch einmal nach Nowgorod Sewerski fahren würden (was unmöglich ist, 14 Tage Vorbestellzeit für ein Billett) und unsere Bekannten dort nach ihrer Meinung zu dieser Vereinigung fragen, was würden sie jetzt sagen, zehn Tage nach dem »Sieg«?

VIELLEICHT: Unser Begleiter Nikolai Klewenok: »Das ist mir aus dem Herzen gesprochen. Eigentlich brauchen wir keine Grenzen . . . Ihr müßt verstehen, mein Bruder wohnt in Moskau, meine Schwester in Belorußland.«

Der Museumsmitarbeiter Prowosim: »Die Politiker haben richtig entschieden und der historisch begründeten Zusammengehörigkeit der Völker Rechnung getragen.«

Und die 62jährige Alexandra Bonak aus dem russischen Grenzdorf: »Gott hat unsere Bitten erhört!«

Zwei Jahre Todesangst

ODER: »Ich werde dich spritzen, bis ich den Patriotismus in dir finde«

Nach der Geschichtsstunde hatte ich die 15jährigen Schüler der 4. Kalugaer Oberschule gefragt, welche Berufe sie erlernen möchten. Keiner sagte Maurer oder Schweißer. Keine sagte Fabrikarbeiterin oder Laborantin. Zuerst zaghaft, dann durcheinander antworteten sie: Verkäufer, Kassiererin, Leader (das neue Wort für Natschalnik), Taxifahrer, Restaurantbesitzer . . .

Am Sonntag hatte ich meinen Freund Aljoscha mit seiner Frau Swetlana in eines der wenigen Restaurants zum Mittagessen eingeladen. Es sei das erste Mal, sagt Swetlana, daß sie mit ihrem Aljoscha in ein Restaurant gehen würde. Ein Mittag dort koste ansonsten das Monatsstipendium von beiden. Sie haben sich festlich angezogen, er seinen Hochzeitsanzug, den einzigen Anzug, den er besitzt – und den hätte er nur durch seine Beziehungen zu der örtlichen Handelsmafia bekommen. Wie das? Nun, er hätte ihnen private Deutschstunden gegeben.

Das Restaurant in der Nähe der Oka ist neu gebaut, aber im traditionellen russischen Stil. Die Räume wirken warm, überall Holzschnitzerei. Wir gehen zu einem Tisch in der Mitte; sehr gerade gehen wir, und Swetlana genießt den Auftritt. Aber nicht lange, denn um uns herum sitzt nicht ein Russe, niemand wie wir in Festkleidung. Hier lümmeln nur besoffene junge Leute, die ihre Lederjacken und Pelze auf die Tische geschmissen haben. Sie lassen sich Kaviarbüchsen bringen und fressen die Köstlichkeiten mit dem Löffel. Kognakpfützen auf den Tischen. Sekt aus Flaschen. Kellner und Mädchen hocken daneben, bekommen vom Überfluß und dienen dafür. Alle »Gäste« gehören zu den Händlern und

Spekulanten, die am Wochentag auf dem schwarzen Markt stehen. Die meisten von ihnen sind Fleischhändler. Sie erzählen, wie sie das Fleisch von den Bauern eines Dorfes relativ billig aufgekauft hätten und nun den Markt beherrschen. »Sollen sie zahlen, die Hungerleider!«

Eine stolze alte Bettlerin geht von Tisch zu Tisch, gießt sich überall ein, dann setzt sie sich, ohne Mantel und Mütze abzulegen, an einen leeren Tisch. »Sie hat das kaukasische Zeichen gegeben«, sagt Aljoscha. »Sie ziehen sich beispielsweise nicht aus, benehmen sich überall, als wären sie keine Gäste, sondern zu Hause. Wie die Tiere . . .« Swetlana versucht, darüber hinwegzusehen, genießt Kaviar, Suppe Piroggen, Braten, Champagner. »Das Restauramt bekommt Fleisch und Champagner von der kaukasischen Mafia. Und wir Russen, wir haben diesen Mongolenvölkern nur unseren Humanismus und unsere Bildung entgegenzusetzen«, klagt Aljoscha.

Ihren Humanismus, ihre Bildung . . . In der 4. Oberschule, so sagte uns der Direktor, hätte man auch schon vor dem Putsch versucht, anstelle der kommunistischen Ideologie nur den »Humanismus unserer großen Vorfahren Puschkin, Dostojewski, Lermontow zu lehren«. »Aber es gab die Pionierorganisation, die Komsolmolzen, die Bestrafung, wenn ein Schüler gegen die KPdSU auftrat?« frage ich.

Nun, heute hätte man die Komsomolorganisation aufgelöst, die Partei sowieso. Wer also hat die Macht an der Schule? Und er antwortet selbstsicher: »Die reine Wissenschaft.« Wir fragen den Direktor Armur Romanowitsch Melnitschenko (seit 20 Jahren ist er schon Direktor!), ob wir an einer Geschichtsstunde teilnehmen könnten. Er sagt, er würde uns natürlich begleiten, setzt sich in die hinterste Reihe der Schüler und schläft sofort ein. Hinter dem Lehrertisch des 40jährigen Mischa Gluchow hängt Lenins Bild. Daneben steht Lenin als Büste. Außerdem Lenin als Holzsägearbeit und eine Wandzeitung über Lenins Leben.

Die Geschichtsstunde: Ankündigung, daß es, »weil wir nicht die Wahrheit über unsere Geschichte wissen«, keine Prüfung in diesem Fach geben wird. Danach zeigt Gluchow das neue Lehrbuch. Es ist das alte: »Die Geschichte der KPdSU«. Erstes Kapitel: Rußland vor der siegreichen Oktoberrevolution. Mischa Gluchow legt das Buch zur Seite. Nun, vor der Revolution sei Rußland ein Land auf dem Weg zur Marktwirtschaft gewesen, sehr weit sogar schon, es hätte 150 große Monopole gegeben. Die Revolution hätte diesen Weg zur Marktwirtschaft unterbrochen und das Land damit in das heutige Unglück geführt . . .

Das Volk aber sei das alte russische Volk geblieben, bereit zu Entbehrungen, hätte große Leistungen vollbracht, zum Beispiel den Sieg über Hitler, die Eroberung des Weltraumes, es sei den großen Traditionen des russischen Humanismus treu geblieben: Puschkin, Lermontow, Dostojewski, Herzen.

Auf dem Nachhauseweg sagt Aljoscha unvermittelt: »Soll ich dir den Unterschied zwischen diesem Ideal unserer Schule und der Wirklichkeit zeigen?« Er würde mich mit einem jungen Mann bekanntmachen, Student wie er, humanistisch gebildet wie er.

Wir treffen ihn zu Hause. Die Geschichte, seine Geschichte, spielt nicht in der Breshnew-Zeit, sondern schon zur Perestroika. »Nach einem Jahr Studium bekam ich meine Einberufung zur Armee. Ich bin gegen die Armee, sie widerspricht, das sahen wir in Vietnam und Afghanistan, jedem Humanismus – also weigerte ich mich. Man holte mich zu einem Vorbereitungslager. Ich nahm Gedichte von Puschkin mit und meine Gitarre. Mit dem Flugzeug wurden wir in ein Militärlager in der kasachischen Steppe gebracht. Als ich mich weiterhin weigerte, brachte man mich in das Militärhospital. Ein Arzt spritzte mich täglich, ich bekam furchtbare Schmerzen, ich schrie. Aber er sagte: ‚Ich werde dich solange spritzen, bis ich die Wurzeln des Patriotismus in dir finde!‘ Danach kam ein Militärrichter. Er drohte, obwohl ich meine Weigerung schon widerrufen hatte, mich wegen Staatsgefährdung einige Jahre einzusperren. Oder ich müßte als Wiedergutmachung während meiner Armeezeit dem KGB Informationen liefern. Ich wehrte mich dagegen, meine Freunde, die Oppositionellen, zu bespitzeln, aber dann erklärte ich mich bereit, die kaukasische Drogenmafia in der Kaserne zu beobachten. Eine Woche später hatten mich die Drogenhändler erwischt. Was dann noch kam, kann ich nicht erzählen. Zwei Jahre lang, immer in Angst, getötet zu werden, in diesem Armeelager. Ringsherum nur Steppe. Und Stacheldraht, Uniformen und darüber der Himmel – zwei Jahre lang. Kein Urlaub, nichts, zwei Jahre . . . Als ich nach Hause fuhr und im Zug die ersten Frauen sah, war ich wie ein Tier. Ich danke Gott, daß ich anschließend nicht – wie viele andere, die das heute im Lande Gorbatschows und Puschkins erlebt haben – zum Verbrecher wurde, einer von diesen skrupellosen Mafialeuten.«

Am Nachmittag, als ich über den Markt gehe, tobt eine Schlacht mit Fäusten, Knüppeln und Messern. Russische Jungen, nicht älter als die in Gluchows Klasse, haben die kaukasischen Händler überfallen, zertrümmern ihre Verkaufsstände, treiben die Männer und Frauen mit dem Ruf »Tod der kaukasischen Mafia. Raus aus Rußland!« vor sich her. Milizionäre sehe ich nicht.

Am Abend kommt Mischa Gluchow mit den zwei Deutschlehrerinnen seiner Schule zu Besuch. Sie hätten seit langem gute Freunde an der 2. Regelschule in Suhl, ob ich kleine Geschenke mitnehmen würde? Diese Freundschaft hätte ihnen als Lehrer geholfen, das verordnete Feindbild gegen die Deutschen abzubauen. Mischa: »Viele Menschen sind heute unbewußt über den Verlust den Feindes entsetzt. Früher war alles einfach: Man hatte seinen Feind, den Imperialismus in der BRD und in den USA – daran konnte man sich schon als Schüler abreagieren, aber nun, wo man keinen verordneten Feind mehr hat, an wem läßt man heute die Aggressionen aus – an den Eltern, den Lehrern, den Nichtrussen und den alten Menschen.«

Ich frage, ob die neuen sozialen Unterschiede zwischen Spekulantenkindern und Arbeiterkindern beispielsweise in der Schule schon spürbar wären.

Ja, aber das sei auch zu sozialistischen Zeiten nicht anders gewesen: »Da waren die Kinder der Betriebsdirektoren, der Parteifunktionäre, die alles hatten, und die Kinder der Putzfrauen, die belächelt wurden.« Und nun gäbe es die ersten Privatschulen, für 500 Rubel im Monat. Ein Lehrer verdiene 400. »Eine Ungerechtigkeit wird durch eine neue Ungerechtigkeit ersetzt. Wir warten auf den gerechten Staat. Vielleicht brauchen wir einen neuen Peter den Großen dazu.«

Ich bringe Aljoscha noch nach Hause. Er will seinen kleinen Sohn auf keine Schule gehen lassen. Er werde ihn in der Familie, zu Hause unterrichten. Die Mutter gebe Literatur und Sprache, der Vater als Ingenieur Physik und Chemie, er selbst Deutsch und Englisch . . . »So wird er ein wirklich gut ausgebildeter Sohn werden, wie früher die Kinder der russischen Gutsherren, Kaufleute und Dichter.« Außer ihren Berufswünschen hatte ich von den Schülern der 9. Klasse wissen wollen, in welcher Gesellschaft sie aufwachsen möchten: im Sozialismus oder im Kapitalismus? Alle sagten: »Im Sozialismus!« Und ihre Begründung: »Den Kapitalismus kennen wir nicht.« Mischa Gluchow versuchte es mir zu erklären: »Wir Russen sind nicht so schnell wie andere Völker. Weshalb sollten wir alles so übereifrig wegtun wie ihr? Viele trugen ihr Zarenbild noch, als sie schon Soldaten der Roten Armee waren. Und wer eine Lenin- oder Stalintätowierung auf der Brust trug, der wurde – auch wenn er ein Mörder war – in der Sowjetunion nicht erschossen.«

Litauische Karriere

ODER: »Man muß auch eine Bank bestechen können«

Aljoscha und ich sind von Moskau aus im Schlafwagen 1. Klasse nach Vilnius gefahren. Zwei Betten im Abteil, drei Spiegel, zwei Kleiderbügel, Handtücher, weißes Bettzeug. Ein litauischer Zug. Die blonde litauische Schaffnerin Rita ist schon beschwipst. Lachend setzt sie sich später zu uns. Aljoscha holt Kognak und Sekt zu Schwarzmarktpreisen aus dem Restaurantwagen. Ich trinke zuviel. Bevor ich abtauche, zeigt Aljoscha siegessicher auf die Schaffnerin, holt neuen Kognak . . .

Bei Tagesanbruch, nach 14 Stunden Fahrtzeit, sind wir in Vilnius. Mein Schädel schmerzt. Gott sei Dank bin ich noch angezogen. Aljoscha steckt die halbvollen Flaschen in die Tasche, schimpft über die Schaffnerin, die plötzlich verschwunden wäre. »Diese verfluchten nationalistischen Litauerinnen schlafen mit keinem Russen!« So hat unser erster Tag in Litauen begonnen. Er endet bei einem Umtrunk im 100 Kilometer von der Hauptstadt entfernten Kaunas in der 4-Zimmer-Neubauwohnung von Arunas Krusinskas, der uns seine Frau Daive und seine zwei Kinder vorstellen will.

Eine schöne Frau in Lederrock und goldbesticktem T-Shirt, ein großes, mit Trucks vollgestelltes Spielzimmer, wertvolles Porzellangeschirr, gewichtiger Kronleuchter, filigrane Seidengewebe, Bilder an den Wänden, erlesene westliche Schnäpse. Mindestens 20 Sträuße Rosen, Gerbera und Orchideen stehen im Wohnzimmer. Der Hausherr lacht. Er lacht sehr oft, ein unbeschwertes Kinderlachen. Er hat Geburtstag gehabt, 28 Jahre alt. Arunas Krusinskas, Direktor der Handelsfirma »Litbaum«. Nun, vor einer Ewigkeit, vor fünf, sechs Jahren, sei er noch Sportlehrer in Kaunas gewesen, 120 Rubel im Monat und keine Wohnung. Perspektive: ein ewiges Nichts!

Und vor drei oder vier Jahren habe er die erste Million auf dem Konto gehabt. Die Frau, »Ökonomist-Buchhalter« von Beruf (»Ich war immer der Strich dazwischen.«), ist froh, daß sie nie mehr arbeiten muß. Sie träumt von der bald fertigen großen Villa und davon, daß sie eines Tages zum Friseur nach Paris fliegen kann.

Ein junger Mann wird freundlich in der Familie begrüßt, bekommt einen Platz neben dem Millionär. Er ist blaß, hinkt beim Hereinkommen. »Einer unserer Helden im Kampf gegen den russischen Bolschewismus.« Sein Name werde immer geehrt werden im Volk, wie die Namen der Toten jenes 13. Januar 1991. »Wir sangen und tanzten vor dem Televisions-Sender in Vilnius. Plötzlich kam eines dieser Russenautos mit verdeckter Plane. ‚Ljudi' stand hinten darauf – ‚Menschen'. Und ohne Warnung begannen sie, aus Maschinenpistolen zu feuern.« Dreimal sei er operiert worden. Ich frage ihn, ob er die Russen haßt. »Solange ich atme, werde ich den russischen Bolschewismus hassen.« Später will ich wissen, ob er eine Ukrainerin, eine Belorussin oder eine litauische Polin heiraten würde. »Nein, nur eine reinrassige Litauerin!« »Und wenn eine Ukrainerin deine glühende große Liebe wäre?« »Nein, nur eine Litauerin! Wir sind ein kleines Volk, wir müssen, um unsere Freiheit zu verteidigen, sauber von allen ausländischen Verunreinigungen bleiben«, sagt Robertas Gradanskas.

Um 9 Uhr waren wir von Vilnius nach Kaunas gefahren, Arunas Krusinskas hatte ein Auto geschickt. Die Straßen sind sauberer und ebener als in Rußland, die Häuser meistens aus Stein und nicht aus Holz. An den Ortseingangsschildern hat man die russischen Bezeichnungen einheitlich weiß übermalt.

Die Firma »Litbaum« residiert noch in einem provisorischen Bau. Der Direktor begrüßt uns akkurat in Nadelstreifenanzug, weißem Hemd und Schlips. Lachend bietet er einen speziellen litauischen Wodka an, er hat 60 Prozent. Toast auf unsere Begegnung, dann entschuldigt er sich für die Hektik. Er sei schon seit sechs Uhr im Büro, nur zu dieser Zeit könne er mit seinen Partnern tief hinten in Rußland telefonieren. Von dort bekäme er Holz und andere Rohstoffe, die er weiterverkaufe, heute beispielsweise noch einige Tonnen Kupfer an eine deutsche Firma.

Er verstehe sich als Händler zwischen Ost und West, denn Litauen selbst hätte keine Rohstoffe, Rußland dagegen sei reich. Deshalb könnte man dort noch lange staatswirtschaftlich gammeln, von der Substanz leben, hier in Litauen dagegen . . .

»Was haben wir Litauer schon außer unserer Freiheit? Als einige Demonstranten bei uns forderten, die Gegner der neuen litauischen Regierung nach Sibirien zu schicken, da stellt ein Redner kleinlaut die Frage: Wohin bitte? Wir haben ja nicht mal mehr ein Sibirien.«

Nach dem zweiten Wodka kommen die deutschen Kupferkäufer. Neue Ost-Handelsfirma aus Ostberlin. Der eine begrüßt die Einheimischen mit einem festen Wir-sind-Wer-Guten-Tag. Der andere übersetzt das Begrüßungszermoniell ins Russische. Ich stelle mich vor. Der »Dolmetscher« stutzt. Er hätte mich doch 1989 zu einer Lesung nach Warschau eingeladen, damals sei er noch Kulturattaché der DDR-Botschaft gewesen.

Während über den Kupferpreis verhandelt wird, fährt Arunas mit uns zur Baustelle seines neuen Hauses. In Kaunas überall dieselben Schlangen »wie im Ausland, in der Sojus«. Hier aber nicht nur in Lebensmittelgeschäften, sondern auch vor Banken, Rubel werden knapp. »Im vergangenen Jahr lieferten die Russen für Kaunas nur 36 Millionen, 110 Millionen hätten wir allein für die Löhne gebraucht.« »Und wie bezahlen Sie Ihre Leute?« »Man muß auch die Bank bestechen können!«

Sein Haus in einem Villenviertel ist rohbaufertig. Kein Haus – ein Palast. Die Eingangshalle ist ein Glas-Kuppelbau, damit man die davorstehende uralte Eiche bewundern kann. In einem der vielen fußbodenbeheizten, noch unverputzten Zimmer steht ein Bett. »Hier schläft der Wächter. Er ist bewaffnet.« Vom Haus wollen wir zu dem Teil eines alten Militärflughafens fahren, den Arunas gemietet hat. Aber auf einer Ausfallstraße kracht es im Motor. Weil es kein Benzin gäbe, hätte er Flugzeugbenzin organisiert, wahrscheinlich sei es »zu stark«. Während wir auf Hilfe warten, stelle ich die Frage aller Fragen: In fünf Jahren vom 120 Rubel verdienenden Sportlehrer zum mehrfachen Millionär? Er lacht. Zuerst hätte er mit Pelzen gehandelt und gut daran verdient. »Mit diesem Gewinn konnte ich russische Direktoren und hiesige Ministeriumsangestellte bestechen, so kam ich an Holz und andere Rohstoffe. Man kauft sie bestenfalls zu subventionierten Staatspreisen und verkauft sie dann gegen Dollar ins Ausland. Früher hätte der Staat dieses gute Geschäft selbst gemacht, heute könne man den Rahm abschöpfen. Man muß den Staat melken, solange er noch existiert, das macht heute jeder, der verdienen will.«

Ein neues altes Auto. Wir fahren zum Flugplatz. Bohrtrupps suchen hier Wasser, neue Hallen werden gebaut, Starkstromleitungen verlegt. »Das sind alles meine Leute, ab Januar '92 werde ich hier Möbel und Eichentüren produzieren lassen.« Er habe neu gebaut und keine alte Fabrik gekauft, denn mit der Fabrik müsse man auch die alten Arbeiter mit ihrer Mentalität übernehmen. Er dagegen suche sich jeden selbst aus: nicht älter als 30, Litauer, verheiratet, Kinder, kein Trinker.

»Und weshalb, anstelle des Millionen bringenden Handels mit russischen Rohstoffen, nun eigene Produkte?« Er lacht sein Kinderlachen. »Wenn wir oder die Russen die Grenze schließen (und das wird bald geschehen), womit soll ich dann noch handeln? Im Moment bin ich doch nur wie eine blutsaugende Mücke.« Am Nachmittag ist der Vertrag über die Kupferlieferung perfekt. Zum Erschrecken der Deutschen läßt der 28jährige die Sektkorken wirklich an die Decke knallen. Die Deutschen öffnen ihren Warenmusterkoffer. Außer den vereinbarten Waren könnten sie liefern: Jeans und Tapeten. Fliesen und Kondome. »Man nennt das Warenbörse«, sagt Arunas. »Ware gegen Ware – wir entwikkeln uns zum Feudalismus. Untereinander, weil es in Litauen mehr Börsen als Waren gibt, verkauft man anstelle der Waren oft sogar eine gestempelte Bescheinigung, daß man Holz oder Motoren oder Gas erhalten *wird.*«

Am Abend Abschiedstrunk bei seiner schönen Frau. Arunas erzählt, daß sie eine Adlige sei und die Familie deshalb viele Jahre in Sibirien hausen mußte. Heute sorge er dafür, daß sie wie eine Adlige leben könne. Ich wage die Frage: »Was denken Sie, wenn Sie hier Konfekt essen und das litauische Volk stundenlang nach einem Brot anstehen muß?« Sie überlegt lange. »Arunas schafft nicht nur Reichtum für uns, sondern auch für das litauische Volk. Natürlich ist es mir peinlich, wenn ich einer alten Frau nur ein paar Kopeken gebe und anschließend den Kindern Spielzeug für Hunderte von Rubeln kaufe.« Arunas: »Wir sind alles Litauer, und ich fühle mich verantwortlich für mein Volk. Meinen Arbeitern will ich – solange es die Konkurrenz erlaubt – so etwas wie ein Vater sein.« Endlich hätten sie die Russen aus dem Amt gejagt, nun müßten die Litauer an die Macht, die nicht nur Nationalisten, sondern auch »Ökonomisten« wären. Deshalb werde er sein Geld benutzen, um Kandidaten seiner Wahl, wie den Vater des Studenten Robertas, zu sponsern und ins Parlament zu bringen. Erst dadurch sei der russische Bolschewismus in Litauen völlig zu vernichten.

Unser Zug von Vilnius zurück nach Moskau ist ein russischer Zug. Vor dem Zugang zum Bahnsteig haben junge Litauer eine provisorische Sperre errichtet. Sie kontrollieren die Ausreisenden. Jede Tasche muß geöffnet werden. Hinein dürfe man ohne Kontrolle. Aber nicht hinaus. »Damit die Russen uns nicht alles wegschleppen.«

Vor unserem Wagen 1. Klasse steht eine junge, freundliche, russische Schaffnerin. Dieses Mal kaufen wir keinen Kognak. Nur einmal schrecke ich aus dem Schlaf, als der Zug nach einer Schnellbremsung kreischend hält. Im Abteil der russischen Schaffnerin haben sich zwei Kaukasier und ein Litauer solange gestritten, wer das reichere (und somit bessere) Volk ist, bis einer von ihnen den russischen Zug mit der Notbremse anhielt. Er fährt jedoch schon bald wieder an, denn der 1.-Klasse-Waggon ist immer hinter der Lokomotive angekoppelt.

Eine Leiche wird ausgegraben

ODER: »Nationalismus ist die letzte Heimstatt eines NICHTS«

Falls ich irgendwann eine Bleibe in Litauen brauchen würde, hatte mir Valentina in Berlin vorsorglich die Adresse ihrer Mutter in Vilnius mitgegeben. Valentina war Mitarbeiterin in der Abteilung Bildung im ZK der KPdSU Litauens gewesen, zuletzt Studentin an der Akademie für Gesellschaftswissenschaften in Berlin. Obwohl ihre 14jährige Tochter Rutha in Vilnius wohnt, ist die Litauerin Valentina in Deutschland geblieben. »Zu Hause gibt es schon wieder schwarze Listen, ich bekomme keine Arbeit, bevor ich nicht meine früheren kommunistischen Freunde öffentlich als Verbrecher und Landesverräter beschimpft habe.«

Der brummige Taxifahrer kennt die Adresse nicht, zu viele Straßen und Plätze in Vilnius hätten neue Namen. Dann jedoch erinnert er sich, daß sie sich vielleicht neben der russischen Militärstadt befindet. Kilometerlange Betonmauer, dahinter Soldatenunterkünfte. An einer Häuserfront das Bild Lenins und weithin sichtbar: »Die UdSSR – unser aller Heimat«. Die Wachposten, die ab und an vom Tor bis zur Straße lugen, tragen keine Waffen (oder so, daß man sie nicht sieht). Passanten spucken – aber Russen, denke ich, spucken oft. Valentinas Mutter wohnt in einem der Neubaublocks neben der russischen Militärstadt. Rutha, die Enkelin ist zu Hause. Ein schönes Mädchen, keine echte Litauerin mehr, sagt Liongina, ein Viertel schon Belorussin und ein Viertel Ukrainerin. »Und Ihr Vater, Liongina«, frage ich die kleine Frau, die so schnell spricht, als seien ihre Worte immer auf der Flucht, »war Ihr Vater noch ein echter Litauer?«

Sie nickt, dann sagt sie: »Mein Vater wurde ermordet.« Kein gutes Begrüßungsgespräch.

Nach dem Essen fragt die kleine Frau, ob wir den Friedhof von Vilnius gleich neben ihrem Haus besuchen möchten. Sie würde dort fast jeden Tag spazierengehen. Nein, nicht wegen des Vaters. Er sei im Dorf begraben. Zusammen mit ihrer kleinen Schwester hätten die Banditen ihn 1947 erschossen. Das Neubaugebiet geht harmonisch in einen Kiefernwald über und dieser zaunlos in den Friedhof. Grabsteine zwischen bergigen Hängen, und dann weite, grüne wellige Flächen: meerähnliche, zugewachsene Gräber. Daneben aus verwitterteten Steinen ein scheunentorgroßes Denkmal. »Den deutschen und russischen Kriegern. 1914–1915. Errichtet von Etappeninspektoren der 10. Armee, 1918.«

Jemand hat einen frischen kleinen hellblauen Herbstrosenstrauch davor gepflanzt. Unter dunklen Fichten stehen in Reih und Glied Hunderte steinere Grabmale, geschmückt mit polnischen rotweißen Schleifenbändern. Anstelle von Blumen sind Tannenzapfen zu Kreuzen gelegt. Einige Grabreihen sehen aus wie frischgepflügt. Nationalistische Litauer hatten die Steine der toten polnischen Soldaten umgestürzt. Litauen war immer Freund oder Aufmarschgebiet von Rußland, Polen und Deutschland gewesen; Vilnius von 1920 bis 1939 polnisch, danach durch den Hitler-Stalin-Pakt sowjetisch. Auf einer Wiese steht noch ein Denkmal für die gefallenen sowjetischen Flieger, die Vilnius 1944 von den Faschisten befreiten. Früher hätten hier auch noch die Gräber der deutschen Flieger gestanden, erzählt Liongina.

Sie hätten freundliche, junge Augen gehabt, diese deutschen Flieger, auf ihren Medaillons. In ihrem Dorf seien auch die Deutschen gewesen, aber sie hätten keinen Einwohner erschossen. »Nur unseren Hund haben sie erschossen, ihn begraben und ordentlich die Kette über die Hoftür gehängt.« Sie hätte auch vor den Gräbern der deutschen Soldaten

Blumen niedergelegt. Nun frage ich nach ihrem Vater. »Litauische Banditen, die gegen den Kommunismus kämpften, haben ihn 1947 ermordet. Diese Menschen haben wahllos die Dörfer überfallen.« »Ihr Vater war Kommunist?« »Nein, genausowenig wie meine 12jährige Schwester oder die 12 Menschen im Grab daneben, der älteste 82, das Kleinste ein halbes Jahr.«

Der Vater sei Schmied gewesen, aber ein kluger Mensch. »Er hatte als einziger im Dorf eine Zeitung, eine litauische, abonniert – und er ging nicht in die Kirche. Das reichte aus, um ihn zu töten.« Die kleine Frau kennt den Weg über den Friedhof, ohne auf den Boden zu schauen. »Und diese Mörder feiert man nun als litauische Freiheitshelden, sie sind die neuen Mächtigen im Land, sitzen im Parlament. Die Welt ist aus allen Fugen geraten.« Nur auf dem Friedhof ist sie für die kleine Frau, früher Redakteurin einer Gebietszeitung, noch teilweise in Ordnung. Reihe für Reihe hinaufsteigend, betrachtet sie die in Stein gemeißelten Porträts der verdienstvollen Persönlichkeiten der Litauischen Sowjetrepublik. Auch das ewige Feuer vor dem Denkmal der im Vaterländischen Krieg Gefallenen brennt noch. »Die litauischen Nationalisten fürchten Gott und das Ausland – sonst hätten sie diese Gräber schon vernichtet und das Feuer gelöscht«, sagt die kleine Frau.

Zwischen Kiefernbäumen dann ein Blumenmeer. Obeliskenähnliche große geschnitzte Holzkreuze. Scheinwerfer zum Anstrahlen der Gräber. Hochzeitspaare legen Gebinde nieder. Schulklassen drängeln sich. Hier sind die litauischen Opfer des bolschewistischen Terrors der OMON-Truppen am 13. 1. 1991 vor dem Vilniuser Fernsehsender begraben. Wallfahrtsort des litauischen Nationalismus. Die kleine Frau bittet uns, kein Wort mehr auf russisch zu sagen, dann geht sie schneller, bleibt in sicherer Entfernung stehen. Die Schultern hängen herab, ein ängstlicher, aus dem Nest gefallener Vogel.

Am Nachmittag bringt Liongina uns zu Vytautas Petkevicius, dem – wie sie sagt – größten lebenden litauischen Schriftsteller. Er ist ein Hüne, ein Berg von einem Mann. Außer Petkevicius begrüßen uns ein sehr elegant gekleideter Mann, der sich als Mitglied des Europaparlaments vorstellt (»Algis Klimaitis – ich habe die baltischen Länder von 1988 bis 1990 im Europaparlament vertreten.«) und ein hagerer Intellektueller, von Beruf Restaurator, zur Zeit stellvertretender Vorsitzender der LDDP, der Litauischen Demokratischen Partei der Arbeit. (»Nach der zweiten Säuberung immer noch stärkste Partei Litauens.«)

Die LDDP, die sich heute als eine Art Labour-Partei versteht, war die erste Partei, die es wagte, sich von der KPdSU abzuspalten; damals hielten die Reformer in der Sojus ob dieses Wagnisses den Atem an. Gemeinsam mit Landsbergis, dem heutigen Regierungschef, begannen die Männer um Petkevicius damals in der Sajudis den Kampf um Litauens Unabhängigkeit. Inzwischen hat Landsbergis die LDDP zum »Staatsfeind Nr. 1 in Litauen« erklärt.

Vytautas Petkevicius, Autor von Kinderbüchern und historischen Romanen, gehört zum Präsidium der LDDP. Wir setzen uns in sein Arbeitszimmer. Birken und Kiefern stehen davor, die Sonne scheint – aber die Vorhänge sind zugezogen. »Wegen der Konspiration«, sage ich lächelnd. »Ja«, sagt Petkevicius ernsthaft, »wir werden heute den parteilosen Katholiken und Europaparlamentarier aufnehmen, und Landsbergis duldet keine Opposition im Land.« Presse, Rundfunk, Fernsehen, Parteien – alles habe er gleichschalten lassen. »Es gibt nur noch eine regierungsamtliche politische Meinung: Litauen den Litauern! Und Litauen, Litauen über alles!« Den litauischen Nationalismus, den man im Kampf um die Unabhängigkeit brauchte, den hätte Landsbergis zu einem unersättlichen, gierigen Geist füttern lassen; zum neuen litauischen Faschismus. Seiner Losung »Wer nicht für uns ist, ist gegen uns« hätten sich schon Stalin und Hitler bedient. »Landsbergis bekämpft alle, die sich nicht wie er dem Nationalismus blind verschrieben haben. Er ließ die polnischen Nationalitätenkomitees verbieten, weil die Mehrzahl der Arbeiter in Vilnius Polen und Russen sind, er beabsichtigt ein Referendum des Volkes gegen die ‚früheren Kolonialisatoren', also gegen die Russen. Er braucht Pogromstimmung. Und er verbot es, daß die Liste derjenigen Litauer veröffentlicht wird, die damals zusammen mit den deutschen Faschisten die Juden in Vilnius erschossen haben. Denn einige davon sind heute Abgeordnete, nationalistische Abgeordnete. Schreiben Sie bitte, daß solch eine Liste existiert.«

Die Hausfrau mahnt, über der Politik den Tee nicht zu vergessen. Flaschen mit Hochprozentigem stehen auf dem Tisch. Aber ein Schriftsteller wäre kein Schriftsteller, könnte er die Fakten nicht verschönern. Deshalb hat der Europa-Abgeordnete keinen Schnaps mitgebracht, sondern in Wodka eingelegte Rosinen, und Petkevicius bietet keinen Wodka an, sondern Vitaminsaft: Sanddornextrakt mit Kartoffelschnaps. Toast des stellvertretenden LDDP-Vorsitzenden: »Für die Freiheit Litauens und die Freundschaft unseres Volkes mit allen Völkern der ehemaligen Union.« Die Vorhänge bleiben zugezogen. Petkevicius fragt, ob ich den Unterschied zwischen Wodkatrinken mit Toast und Wodkatrinken ohne Toast (»ein Witz aus der Stagnationszeit«) kenne. »Nun, Wodkatrinken ohne Toast – das ist Säufertum. Aber Wodkatrinken mit Toast, das ist politische Weiterbildung.« Vergangenheit.

In Petkevicius Arbeitszimmer thront ein Schreib-Stehpult. Ja, er arbeite daran; im Stehen könnte man freier denken, außerdem, die Haltung sei wichtig, aufrecht. Man müßte weiter denken als die heutige litauische Führung, denn Nationalismus allein sei keine Politik. »Nationalismus ist die letzte Heimstatt eines NICHTS.« Pogromstimmung gegen die Juden, die Polen, die Russen in Litauen, das brauche man, um das Volk von den wirtschaftlichen Problemen abzulenken, denn »in den zwei Jahren ihrer Regierung haben sie keine einzige neue Fabrik, kein einziges neues Theater, keinen einzigen Kilometer neue Straße gebaut. Sie müssen dem Volk ständig neue Feinde Litauens präsentieren, wie sonst sollte man es ablenken?« sagt Petkevicius. »Ich erinnere an eine der ersten großen litauischen Freiheitsdemonstrationen der Sajudis. Auch ich hatte vor Hunderttausenden gesprochen. Eine Frau kam auf mich zu, sie sagte – und es war mir peinlich: Sie, Held Litauens, darf ich Sie berühren? Sie faßte mich an. Nur einige Monate später, Landsbergis hatte uns schon als Vaterlandsverräter geächtet – traf ich die gleiche Frau wieder. Sie blieb stehen und spuckte mir zweimal ins Gesicht.«

Der Schriftsteller erzählt vom Putsch. »Am zweiten Abend der Panzer in Moskau kam eine Delegation der Tataren aus Trakai zu mir. Sie lebten dort, weil unser erster litauischer Fürst ihre Vorfahren zu seinem Schutz mit nach Trakai genommen hatte. Sie haben keine Moschee, und nun verweigerte die nationalistische Führung ihnen auch noch das Begräbnis auf dem christlichen litauischen Friedhof. Das war ihre Sorge, als Janajews Panzer rollten.«

Petkevicius nimmt mich mit ins eheliche Schlafzimmer, zeigt mir über dem Bett eine holzgeschnitzte jesusähnliche Heiligenfigur. Die litauische Naturgottheit »Rupintojelis« – auf deutsch »sich kümmern«. Aber nicht wie Jesus am Kreuz, sondern im Sitzen, den Kopf in beide Hände stützend, denkend. Und Petkevicius sagt: »Ich habe Hoffnung.«

Als wir alle gehen, öffnet er die Vorhänge. Kiefern, Birken, Sonne.

Wir fahren ins Zentrum der Stadt. In den litauischen Geschäften gibt es sowenig wie in den russischen. Im Regal für Zucker liegt westliches Toilettenpapier, vier Rollen für sieben Rubel. Eine alte Frau fragt die Verkäuferin wieder und wieder auf russisch nach einem Glas Marmelade. Die Verkäuferin antwortet nicht, behandelt die Babuschka wie Luft. Eine andere Frau mischt sich ein, fragt wütend, ob die Verkäuferin die Deklaration am Eingang nicht gelesen hätte. Dort würde stehen, daß in staatlichen Geschäften Litauisch und Russisch die Verkaufssprachen wären. Sie zuckt die Schultern, das wäre ihr egal. Sie sei eine litauische Verkäuferin, sollte die alte Russin doch nach Rußland gehen. Wir bekommen nichts zu kaufen, denn wir besitzen keinen der geldscheinähnlichen litauischen Talons, die man braucht, um subventionierte Waren einkaufen zu können. Oder man muß den litauischen Ausweis zeigen, der allerdings nicht gleichbedeutend mit der litauischen Staatsbürgerschaft ist. Die erhält man zusammen mit einem Paß nur dann, wenn man die gegenwärtige Regierung akzeptiert. Vor dem Geschäft spricht uns ein junger Mann auf russisch an und fragt, ob wir litauische Talons kaufen wollen.

Eine Menschenansammlung im Zentrum von Vilnius. Die Leute stehen um einen abgesperrten parkähnlichen Platz. Junge litauische Polizisten achten darauf, daß niemand den Platz betritt.

Ich drängle mich nach vorn. Eine heroische steinerne Statue, väterlich blickend, Stricke um den Kopf geschlungen, auch um die Brust. Wie einer auf dem elektrischen Stuhl, denke ich. Aber auch Blumen liegen auf dem Stein. Ich frage, und man sagt mir leise: Das sei der sowjetische General Tschernjachowski, er hätte Vilnius befreit, sei danach bei Kaliningrad von einer Mine zerfetzt und hier beerdigt worden. Der Platz allerdings sei schon umbenannt, er hieße jetzt: »Platz der nationalen Selbstregierung«.

Bagger, Planierraupen und Rammen warten vor den hölzernen Sichtblenden. Dahinter gräbt man, sucht die Überreste des Toten. Eine Frau im roten Mantel steht daneben. Die Tochter des Generals. Die Leiche soll nach Moskau gebracht werden.

Die Menge steht schweigend.

Einer sagt: »Es wird Zeit, daß wir unseren Boden von diesen Verbrechern säubern.«

Ein anderer: »Versündige dich nicht, wir sollten uns schämen.«

Rutha, die 14jährige Tochter von Valentina, hatte mir auf meine Abschiedsfrage geantwortet: »Ich fühle mich als Litauerin, weil ich jetzt in Litauen lebe. Aber weshalb sollte ich später keinen Russen oder keinen Ukrainer heiraten?«

Der Gestank des Parfüms

ODER: »Noch essen die Russen kein Hundefleisch«

Der Frost, der die Schlammwunden heilt, läßt in diesem Jahr in Zentralrußland auf sich warten. Deshalb laufe ich bei meinen Spaziergängen am Stadtrand von Kaluga, wie die meisten hier, auf den Eisenbahngleisen. In der Mitte sind die Holzschwellen schon ausgetreten. Müllhaufen und Schlammsuhlen rechts und links der Schienen. Eine in Papier gewickelte tote Katze, nicht einmal die schwarzen Vögel gehen daran. Eingestürzte Zäune und morsche Schuppen, zerfressene, geknickte Betonpfeiler. Das Ende der Stadt, ein eiternder Wundrand.

Hier versuche ich oft, meine Erlebnisse im Kopf zu sortieren. Aber dann . . . , nein, dieser plötzliche Widerwillen gegen sorgfältig geordnete Gedanken, dieser Vorsatz, nichts mehr sinnvoll aneinanderzureihen, überkam mich nicht auf diesen Gleisen. Nicht einmal, als plötzlich eine gelbrote Rangierlok vor mir auftauchte und ich zur Seite, in den Schlamm, mußte. Dieser Vorsatz entstand hier beim Schreiben am Tisch in dem Holzhaus der Babuschka, wahrscheinlich nachdem Aljoschas Vater eine 0,3-l-Cola-Flasche mit Wodka – wegen ihrer schlanken Form »Raissa« (Gorbatschowa) genannt – aufgetrieben hatte. Und nachdem die Ärztin, die die seit Tagen fiebernde Mutter von Aljoscha wiederum hilflos untersucht hatte und resigniert sagte, daß es keine Antibiotika gäbe (vielleicht, wenn man Beziehungen zur Handels-Mafia oder zur neuen Macht in der Stadtverwaltung hätte . . .). Und nachdem Aljoscha auf dem Bahnhof drei Stunden vergeblich versucht hatte, für uns eine Fahrkarte nach Kasan zu kaufen. 14 Tage – wie er mir sagte – hätte er sie zuvor bestellen müssen, dann nachfragen, bitten und wieder nachfragen. Ich müßte endlich begreifen, daß es in Rußland nicht wie zu Hause möglich sei, von einem Tag zum anderen zu verreisen. 14 Tage. Oder man müßte ein großer Natschalnik in Kreis- oder Stadtverwaltung sein; aber dafür wäre ich wohl zu klein.

Vor dem Gebäude des Stadtrates steht ein alter Mann und verkauft arg geschrumpelte Äpfel. Er stünde schon seit vielen Jahren hier, sagt der Alte. Er kenne alle, die in das große Haus hineingehen würden. Die gleichen Gesichter wie vor dem Putsch, die gleichen Dienstautos. »Und auch die Kartons mit Delikatessen, die sie hineinschleppen, sind die gleichen. Nur meine Äpfel kaufen sie nicht, weder die Kommunisten früher noch die Demokraten heute.«

Wladislaw Abramenkow, Leiter für internationale Beziehungen im Stadtsowjet, war vor einem Jahr, als ich einen Lkw mit Lebensmitteln nach Kaluga gebracht hatte, mein hiesiger freundlicher Begleiter gewesen. Nun, da ich ihn wiedertreffe, schaut er mich an und schaut mich nicht an; er hätte viel zu arbeiten, geht weiter.

Grigori Sonkin, Abgeordneter, Direktor des ehemaligen Kalugaer Kombinates für Parfümerie und Druckerzeugnisse, hatte mich vor drei Monaten in Suhl lange umarmt, versprochen, daß er mir in Kaluga mit Auto, Unterkunft, Essen helfen werde.

Ich rief ihn an, und er erinnerte sich. Wo ich wohnen würde, wollte er wissen. In einem Holzhaus am Stadtrand, sagte ich. Und welche Kalugaer Organisation mich eingeladen hätte. »Keine«, sagte ich, »ich bin allein gekommen.« Er hätte jetzt wenig Zeit, ich solle um 14 Uhr noch einmal anrufen. Er ist um 14 Uhr nicht in seinem Büro, um 15 Uhr nicht, um 16 Uhr nicht.

Die 82jährige Babuschka, bei der ich wohne, kommt nach fünf Stunden zerschlagen vom Markt zurück. Sie hat heute weder Milch noch Brot bekommen. Aber Jagdwurst gesehen. Zwei Kilo für 80 Rubel – die Hälfte ihrer Rente. »Ob ich nie mehr Wurst essen werde vor dem Tod? Die Leute sagen, auch das Brot wird teurer.«

Zusammen mit Sascha Burzew, dem Chef der unabhängigen privaten Televisionsfirma NIKA, interviewe ich den Kalugaer Bürgermeister Tschernikow, einen der neuen Demokraten. Freundliches, sorgenfreies Lächeln. Nein, es werde keine Hungersnot geben. »Wir arbeiten im Stadtrat intensiv an den Problemen der Ernährung.« Als wir gehen, knurrt Aljoscha: »An den Problemen ihrer eigenen Ernährung, ja!«

Das Interview bringen wir nach Moskau. Sascha Burzew fragt bei einer deutschen Fernsehgesellschaft, ob sie Interesse an Informationen aus Zentralrußland hätten. Natürlich, aber zur Zeit nur ein Thema: »Die Krise! Hunger und Elend. Umweltkatastrophen.« Sascha sagt, daß er sich meldet, wenn es in Kaluga soweit wäre . . .

In der Straße der Holzhäuser, der Bjelinskowo, in der ich wohne und in der selten ein Auto fährt, hält ein schwarzer Wolga vor Babuschkas Hütte. Zwei Männer zeigen mir ihren Ausweis, studieren eine gute Viertelstunde meinen Paß und mein Visum. Weshalb ich nicht im Hotel wohnen würde, was ich hier mache, wer mich eingeladen hätte? Als ich ihnen die WOCHENPOST mit dem ersten Kaluga-Bericht zeige, werden sie freundlich.

Sascha Burzew, der nicht nur mit Filmen und Informationen handelt, hat organisiert, daß Kaluga aus der Ukraine im Tausch gegen Benzin einige tausend Tonnen Fleisch für nur fünf Rubel das Kilo erhält. Er benötigt jetzt noch den Segen des Stadtrates.

Der 37jährige Sascha, zuvor hauptamtlicher Komsomolsekretär, gründete die Televisions- und Informationsgesellschaft NIKA vor reichlich zwei Jahren. Seine Büro- und Technikräume hat er im großen Haus des Staatlichen Instituts für Industriearchitektur gepachtet. Zwei Tische stehen im Zimmer, Fernseher, Kassetten und alle andere

Technik liegt wie im Basislager einer Himalaja-Expedition verstreut auf dem Fußboden. Dahinter an der Wand die russische Fahne. »Ich habe sie während des Putsches selbst genäht«, erzählt Sascha. Jede Nacht hätten sie im Studio gewacht, Jelzins Erlasse per Telefax über sibirische Umwege hierhergeholt und in den Stadtrat gebracht, denn er hätte die Demokraten schon unterstützt, »als sich viele von ihnen noch Kommunisten nannten.« Bei der Wahl drehten sie Filme über die Gegenkandidaten der KPdSU. Als sie diese in der Stadt zeigten, ordnete die Miliz Ausgehverbot an. »Und bei jedem Film, den wir drehten, saß einer aus der Parteizentrale dabei, nur nachts, wenn er schlief, arbeiteten wir ohne Zensur.« Inzwischen mußten sie, obwohl die neuen Demokraten im Stadtrat Geld versprachen, ihre Fernsehsendungen für Kaluga einstellen. Dafür hätte eine Konkurrenzfirma, die von den alten Direktoren der Kombinate gesponsert würde, zu senden begonnen.

Es geschehen noch Wunder. Grigori Sonkin, der Chef des Parfüm-Kombinates, ruft an. Er erwarte Aljoscha und mich in seinem Betrieb. Er werde am Eingang stehen.

Fluchend kommt Sascha vom Stadtrat der neuen Demokraten zurück. »Nicht mal gezuckt haben sie, als ich ihnen die gute Nachricht vom Fleischtausch brachte.« Abramenkow hätte gesagt, das sei nicht seine Sache. Wenn er ausländische Touristen besorgen könne, da würde er bei einer Firma beteiligt sein, aber Lebensmittel . . . Nun hat Sascha das Geschäft mit einer Kooperation perfekt gemacht. »Und wohin die das Fleisch verschieben wird, weiß der Kuckuck!«

Grigori Sonkin, schon 65 und sehr faltig im Gesicht, wartet wirklich vor dem Betriebstor. Es stinkt bis draußen, und je weiter wir durch das Fabrikgelände stiefeln, um so ätzender wird der Geruch. Aus Rohrleitungen zischen und dampfen weiße, grüne und gelbe Wolken. Ich huste. Sonkin sagt, er sei nicht mehr verantwortlich für das Parfüm. Im März '91 hätte man das Kombinat geteilt, ihm untersteht nur noch die Polygraphie. In seinem Zimmer erläutert er uns, daß nun nach der Trennung die Privatisierung folgen werde. »3,5 Millionen kostet das Druckwerk. Das Arbeitskollektiv – von 120 bleiben 80 – soll Aktienanteile kaufen, aber noch zögern die Mitarbeiter. Eigentum, noch dazu Aktien, das ist für viele etwas Unmoralisches.« Fremde Käufer? Nein, man habe im Stadtrat sehr richtig entschieden, daß nur Einheimische die Fabriken kaufen dürfen. Vielleicht würde er zusammen mit seinem Haupttechnologen und Mitarbeitern des Stadtrates bei der Bank einen Kredit nehmen und die Druckerei kaufen.

Ich frage, ob er bis zum Putsch Mitglied der KPdSU war. Er nickt. Und nun vom Kommunisten zum Kapitalisten? Nun ja, er werde – wenn es so käme – ein russischer Kapitalist, ein humaner Kapitalist werden. »Den Arbeitern soll es gutgehen, nur das kann unser Ziel sein, monatlich soll es Prämien geben und zusätzliche Lebensmittel und Erholungsheime und Kinderferienlager.« Ich frage, wer das bezahlen wird. »Nun, der Betrieb!« Ich sage, daß aber er dann der Besitzer sei, das heißt, er müßte entscheiden zwischen Ferienlager und keinem privaten Gewinn oder: kein Ferienlager, dafür aber persönlicher Gewinn. Er schweigt. Dann zeigt er mir die Visitenkarten, die er für alle Teilnehmer der Kalugaer Stadtrat-Delegation zum Treffen in Suhl hatte drucken lassen. Ob ich auch welche brauchen würde, noch könne er sie kostenlos abgeben, lächelt er, noch gehöre der Betrieb dem Staat.

Auf dem Rückweg in Sascha Burzews Fernsehstudio gehe ich die Gleise entlang. Die dort sonst einzeln laufen und schweigend ihre Taschen schleppen, marschieren heute grüppchenweise, diskutieren laut und heftig. Ab 1. Januar sollen Brot, Milch, Öl und Wodka zwei- bis viermal teurer und dann auf diesem Stand fixiert werden – alle anderen Warenpreise werden freigegeben.

Sascha steht demütig vor einem alten, beschlipsten Natschalnik, der ihn anschreit, daß er ihm und seinen Leuten kündigt, wenn er nicht bald anständige Büromöbel kaufen würde. Diese Unordnung, keine Arbeitssicherheit, das dulde er nicht in seinem Hause. »Es ist der alte Chef«, sagt Sascha. »Er will uns rausschmeißen, um in dieser Etage Büros einzurichten für die neue Gesellschaft der staatlichen Monopolbetriebe, deren Chef sein alter Freund, der frühere Parteisekretär, geworden sei.«

Einen Schnaps müßte man auftreiben. Doch die zwei Kooperativ-Restaurants (nur dort gibt es fast immer Alkohol und Essen) haben ihren sanitären Kakerlakentag. Und im Restaurant vom Hotel »Kaluga« werden von den alten, russischen, dicken Weibern nur die »Kaukasier«, die südländischen Mafia-Leute, und zwei besoffene, abgetakelte Kalugaer Nutten (wohl die einzigen Kalugaer im Restaurant) bedient.

Ein Aserbaidshaner winkt uns an seinen Tisch. Nun bekommen wir roten, moldawischen Wein serviert. Der Aserbaidshaner hat feine, ebenholzmäßige Gesichtszüge, selbstbewußt blickende Augen, eine gerade, stolze Haltung. Er stamme aus Baku, dort besäße er eine Handelsniederlassung, die Hauptzentrale der Firma sei jedoch in Sibirien, in Perm. Nach der dritten Flasche wage ich die Frge, bei der manche von diesen »Kaukasiern« das Messer ziehen: »Haben Sie auch Beziehungen zur Mafia, was denken Sie von diesen Leuten?« Sein Blick wird noch härter. »Natürlich bezahle ich meine Prozente von allen Geschäften an die Mafia. Aber die Mafia schützt und organisiert, sie ist die einzige noch funktionierende Organisation in der sterbenden Union. In jeder großen russischen Stadt haben sie ihre Leute an den wichtigen zentralen Stellen. Und sie sind im Gegensatz zu dem träge auf dem Ofen oder im Büro schlafenden Russen zu jeder Tages- und Nachtzeit bereit, sofort alles zu erledigen. Alles! Ohne sie würde sich nichts mehr bewegen in diesem Land.« Er hätte einen Transport Alkohol für Kaluga organisiert, es gäbe Schwierigkeiten mit den Autos, noch heute nacht würde er die Mafia anrufen, morgen früh wären die Lkw unterwegs. Für den Alkohol werde er dann hier in Kaluga Möbel im Holzkombinat kaufen und nach Baku bringen. »Man kann einfach Möbel aus Kaluga holen?« frage ich. Nein, er brauche erst eine Genehmigung vom hiesigen Stadtrat. Aber, obwohl er zum ersten Mal in Kaluga wäre, kenne er die Leute schon. »Sie werden keine Schwierigeiten machen«, sagt Wachid Noworuchow.

Einmal brennt neben den Gleisen, hinter einem dürren Holunderstrauch, ein Feuer. Drei junge Männer sitzen dort, trinken Wodka, und neben ihnen liegt ein blutender, totgeschlagener, kalbsgroßer, weißschwarz gefleckter Hund. Er sei krank gewesen, sagen sie und bieten mir vom Selbstgebrannten an. Aljoscha, dem ich davon erzähle, schüttelt den Kopf: »Nein, Hundefleisch essen die Russen noch nicht.«

In der Nacht zum 9. Dezember kommt der Frost. Minus 13 Grad. Am Morgen laufe ich nicht mehr auf den Gleisen, ich versuche, meine Gedanken nun auf den eisvernarbten Straßen vom Stadtrand zu sortieren.

Schnee auf der Moschee

ODER: »Das Licht der Sonne reicht für alle auf der Erde«

Der Staat Tatarstan, wie die frühere Autonome Sowjetrepublik sich jetzt nennt, war vor rund 1000 Jahren der Ursprung des am weitesten nördlich gelegenen islamischen Reiches, die Heimat der Tataren, die die Hälfte des heutigen Rußlands und Teile Europas beherrscht hatten.

In Kasan, ihrer Hauptstadt, suche ich lange vergebens nach Minaretten, Moscheen und Medressen, finde hingegen auf einer Anhöhe über der Stadt sofort den verkleinerten Moskauer Kreml, sehe viele, schon sehr alte zweistöckige Steinhäuser, die sich ängstlich aneinanderlehnen, und weniger häßliche Neubaublocks als in den westlichen Teilen der alten Union. Bis nach Kasan ist der letzte Krieg nicht gekommen.

Aljoscha fragt einen Taxifahrer nach der größten Moschee. Er schaut uns zuerst entgeistert an, dann aber erinnert er sich und fährt uns ins Zentrum der Stadt. Dort, zwischen protzigen Neubauten, duckt sich eine kleine grünweiß bemalte Moschee. Aber die Fenster sind mit Brettern vernagelt und die Türen verschlossen. Es gäbe noch eine andere mohammedanische Kirche in der Stadt, fällt dem Taxifahrer ein, und nur drei oder vier Straßen entfernt hält er vor einem hohen, schlanken Minarett. Der goldene sichelförmige Halbmond glänzt in der Sonne. Kuppeldächer auf weiß getünchten Mauern.

Bärtige Muselmanen laufen im Hof umher. Trotzdem stehe ich nicht verzückt wie vor den Moscheen in Samarkand oder Buchara, irgend etwas fehlt hier. Die Sonne strahlt am blauen Himmel, aber die Wärme, die Hitze des Orients fehlt, die flirrende Luft . . .

Die Muselmanen tragen Pelzmützen. Und auf der Moschee in Kasan liegt Schnee!

Die Tür zur Moschee ist nicht verschlossen. Angenehme Wärme. Schwatzende Mohammedaner stehen am Eingang. Sie beachten uns nicht. Erst als wir von unserem Steinfußbodenfleck an der Tür fragend zu ihnen auf die Teppiche treten wollen (überall liegen bunte orientalische Teppiche), zeigen sie uns, daß wir zuerst die Schuhe ausziehen müssen. Die Pelzmützen dürfen wir im Heiligtum aufbehalten.

Einer der Männer kümmert sich um uns. Er ist in jenem Alter, in dem man alles langsam verrichtet, dazu hat er gütige kluge Augen. Wir stellen uns vor, nennen unser Begehr. Wir dürften hier die heiligen Schriften lesen. Wir dürften hier beten und uns besinnen, wir dürften auch fragen. Er hieße Nabijulowsch und sei in der Marchani-Moschee verantwortlich für die technischen Dinge. Er würde uns begleiten.

Wir tappen auf Strümpfen hinauf zum Obergeschoß. Die Entgegenkommenden grüßen mit »A Solam«, ich versuche zuerst, mein undeutliches Antwortgemurmel zu verbergen, indem ich jedesmal die Hand auf das Herz lege und mit dem Kopf eine Verbeugung andeute. Aber dann schaue ich mir die alten (es sind nur alte) muselmanischen Tataren genauer an. Sie haben die russische Pelzmütze nun mit dem runden schwarzen orientalischen Käppchen vertauscht. So sitzen sie auf den Holzbänken in der Bibliothek und lesen laut in den islamischen Schriften oder knien vor der Wand und beten in einer mir unverständlichen Sprache. Aber an den Jacken tragen sie die bekannten Orden: sowjetische Kriegsorden und sowjetische Orden für gute Arbeitstaten. Genau wie die Russen.

Ich frage den freundlichen Mann, der uns begleitet, wie lange er schon in der Moschee beschäftigt ist. »Erst als ich Rentner geworden war, kam ich hierher. Zuvor arbeitete ich 45 Jahre im Kasaner Flugzeugwerk. Mit 15 begann ich dort. Ich habe die Iljuschin-Maschinen gebaut, in denen die

Regierenden flogen, und im Krieg auch die MiG, die aufstiegen, um die Feinde vom Himmel zu schießen.«

»Und wann sind Sie geboren?«

»Ich bin 1917 geboren.« »Im Jahr der Oktoberrevolution?« »Ja, aber es hat Allah gefallen, mich länger leben zu lassen als den im gleichen Jahr geborenen Sozialismus.«

Die Marchani-Moschee sei rund 200 Jahre alt, erzählt Nabijulowsch. Nach der Zerstörung aller Moscheen durch die Soldaten von Zar Iwan dem Schrecklichen wären die Mohammedaner hier schlimmer verfolgt worden als die Juden in Hitlerdeutschland. Und erst mit Katharina der Zweiten, der »Mutter aller Völker Rußlands«, erhielten sie die Erlaubnis, ihre Moscheen wieder aufzubauen. Aber die Kasaner Russen beschwerten sich bei der Zarin, weil das Minarett angeblich zu hoch sei, höher als die Türme der russisch-orthodoxen Kirchen. Da antwortete die Zarin: »Der Himmel gehört mir nicht!«

Nabijulowsch führt uns in ein kleines Zimmer, in dem neben Baugerümpel eine meterlange, auf Pappe geklebte Zeichnung steht. »Das wird unsere neue Moschee, dazu eine Bibliothek, eine neue Medresse . . . das höchste Minarett 23 Meter, höher als alle Gebäude in Kasan, und 73 kleine symbolische Minarette, für jedes Jahr unter kommunistischer Herrschaft eins. Im Frühjahr wird der Bau beginnen!« Ein Prachtbau. Ich frage erstaunt, woher die islamischen Tataren das Geld bekommen. Nun, die arabischen Staaten würden eineinhalb Millionen Dollar zur Verfügung stellen, die Bank von Mekka weitere Millionen. »Schließlich sind wir der Vorposten des Islam in Rußland, vielleicht bald ein islamischer Staat.«

Ich frage vorsichtig, ob es nicht wichtiger sei, die Millionen Dollar für soziale Investitionen auszugeben und mit diesem Bau noch zu warten.

»Nein, wenn wir wieder Moscheen haben, in denen die Menschen zu Allah beten, werden die Menschen auch satt zu essen bekommen. Nur die Ungläubigen läßt Allah verhungern.«

Inzwischen ist der Imam der Moschee erschienen. Es geht auf zwölf zu, der Muezzin bereitet sich vor, die Gläubigen vom Minarett zum Gebet zu rufen. Der Imam, schon in seiner würdevollen grünsilbernen Robe, fragt, ob wir die alten Mullahs der Moschee begrüßen wollen. Hagere, noch nicht senil aussehende Greise. Sie sitzen auf einem Sofa des Imam. Und dieses Mal verneige ich mich wirklich. Jarullin Chabir Jarullowitsch ist 85. Und Safizellij Echmod Saki ist schon 93. Damit er meine Fragen versteht, hält er die Hand hinter das Ohr. Er hat 1917 bis 1920 noch in der Medresse in Kasan studiert. »Damals lehrten hier Geistliche aus Istanbul und Buchara.« Ab 1926, als sein Vater starb, hat er drei Jahre die Moschee seines Dorfes geleitet, »bis 1929 Stalin alle Imame verhaften und die Moscheen zerstören ließ«. Verbannung in die Arbeitsarmee, alle bürgerlichen Rechte aberkannt. Von 1941 bis 1945 Dienst in der Bauabteilung der Trud-Armee. »Wir mußten unseren Glauben im Herzen verschließen. Aber wer weiß es schon, was du im Herzen trägst.«

Seit 15 Jahren ruft der Muezzin wieder vom Minarett in Kasan. Ich erschrecke vor seiner Stimme. Mitten im Gespräch verharren die alten Mullahs. Bevor sie danach zum Gebet schlurfen, frage ich sie nach ihren Lebensweisheiten.

»Die Alten und das Alte ehren. Nicht trinken und nicht rauchen. An Gott glauben. Und alle Menschen lieben. Keinen verachten. Das Licht des Himmels reicht für alle auf Erden.«

Bevor wir gehen, stellt sich uns ein Muselmane vor, der seine Kappe vergessen hat und deshalb ein Taschentuch mit vier Eckknoten in eine Mütze verwandelte. Er möchte uns mit dem Chef des Tatarischen Komitees für die Unabhängigkeit bekanntmachen. Wir warten draußen. Ich hatte gelesen, daß eine Frau an der Spitze dieses Komitees stände und ihre

Kinder wegen der vielen Morddrohungen auf ein Dorf bringen mußte. Als der Mann kommt, frage ich, ob wir diese Frau interviewen können. »Sprechen Sie tatarisch?« Wir schüttelten die Köpfe. Nun, dann sei es unmöglich. »Die Frau würde nur tatarisch antworten.« »Kann sie kein Russisch?« Natürlich könne sie Russisch, aber . . . Doch, wie gesagt, wenn wir Interesse an einem Gespräch mit dem Vorsitzenden des Komitees für die Souveränität Tatarstans, dem Schriftsteller Amir Machmutow hätten, morgen vormittag könnten wir uns treffen . . .

Die Sonne spiegelt sich im Schnee vor der Moschee. Wir stehen und blinzeln, und ich schaue mir die Vorübergehenden an, suche »typische« Tataren. Schlitzaugen, gelbbraune Hautfarbe, breite Backenknochen – so »kenne« ich sie von reproduzierten deutschen und amerikanischen Propagandaplakaten gegen den russischen Bolschewismus. Ein Messer im Mund! Oder ein Kind zertretend! Aber das waren keine Russen, das waren immer Tataren, die man malte . . . Viele Russen in Kasan tragen die blau-weiß-rote russische Fahne als Abzeichen.

Ich frage einige von ihnen nach der Zukunft in Tatarstan. »Überall in Rußland leben Tataren: Wenn man die Russen hier hinausschmeißt, werden die Moskauer mit den 700 000 Tataren in ihrem Gebiet abrechnen. Also, denke ich, schlagen sich die Moskauer Tataren lieber mit den eigenen nationalistischen Führern in Kasan als mit den Russen in Moskau . . .«

Und wem gehört Kasan? »Natürlich Rußland, schon seit über 400 Jahren gehört es dem russischen Zaren.«

Wir melden uns in der Kasaner Universität beim Doktor der Geschichte, dem Experten der tatarischen Geschichte, Raphael Shaikhier, an. »Wem gehört Kasan?« Er sagt, für diese Frage bräuchte er in seinen Vorlesungen etwa 30 Stunden Zeit. In Kurzfassung? Das widerspreche seinem Ethos als Wissenschaftler! Aber dann lächelt der knapp Fünfzigjährige. Wir wären nicht die einzigen Gäste, die lediglich wüßten, daß die Tataren ein »kriegerisches Volk« waren, »das zu Pferde durch die Steppe zieht«. So ähnlich stände es noch heute in Lexika, beispielsweise in Großbritannien. Aber noch im 17. Jahrhundert hätte man von Moskau und Rußland lediglich vermerkt, daß es ein »Teil des Reiches der Tataren« sei. Die Ursprungsheimat des mächtigen Volkes der Tataren sei im Kasaner Gebiet gewesen. Unter dem Namen Bulgar hätte hier ein großer islamischer Staat existiert, der die alte Rus an Macht und Kraft übertraf.

In der zweiten Hälfte des 16. Jahrhunderts seien die Slawen in diese Gegend gekommen. »Von Rußland erfuhr man in der Welt erst etwas, als das Imperium der Tataren zusammenbrach. Und vom heutigen Tatarstan erfährt man in der Welt erst jetzt, nachdem das russisch-orthodoxe Imperium zusammengebrochen ist.«

Und was haben die Tataren sich an nationaler Identität erhalten können? »Die Religion natürlich, die Sprache, alle gräßlichen Flüche zum Beispiel haben sich die bis dahin fluchlosen Russen von uns abgehört. Es gibt bedeutende tatarische Männer der russischen Geschichte: Kutusow beispielsweise oder Turgenjew. Wir haben unsere handwerklichen Fertigkeiten bewahrt, unsere typischen Speisen: Piroggen beispielsweise.« Und inzwischen hätte ein »tatarisches Rezept« die ganze Welt erobert, neuerdings sogar Moskau. »McDonald war nämlich als Marineangehöriger bei der Landung der Alliierten in Archangelsk und Murmansk dabei. Und dort hat er bei einer tatarischen Familie zum ersten Mal gesehen, daß man Hackfleisch im Brot ‚braten' kann.«

Wäre er bloß nie bei den Tataren gewesen!

Unser Hotel heißt »Bulgar«. Das Restaurant öffnet um 18 Uhr. Gegen 19 Uhr sind Aljoscha und ich immer noch die einzigen Gäste in dem großen Raum. Rote Seidengardinen hängen vor den Fenstern. Die Lampen verteilen ihr schummriges Licht hinter weißen Säulen. Sie stützen die mit orientalischen symmetrischen Strukturen verzierte niedrige Decke. Gelbe Äpfel und knusprige Fladenbrote aus Weizenmehl stehen auf den Tischen. Schon eine halbe Stunde essen wir nur davon, denn die dicke junge Kellnerin hat zwar unsere Bestellung entgegengenommen, aber sich danach nicht mehr blicken lassen. Sie sitzt vorn am Eingang neben Kasse, Telefon und den Büchern des Administrators mit anderen untätigen Kellnerinnen, Küchenfrauen und Verwaltungsmatronen zusammen. Wenn Milizionäre oder Männer mit Aktentaschen erscheinen, verschwinden sie mit ihnen in den Wirtschaftstrakt. Nach einer Stunde bringt die Kellnerin endlich Suppe und gebratene Leber und roten süßen Wein. Dann setzt sie sich wieder und läßt sich nicht bewegen, noch einmal aufzustehen, um eine zweite Flasche zu bringen.

Mir reißt der Geduldsfaden, ich rufe fluchend nach der Geschäftsführerin. Sofort erscheint eine schöne junge Frau im engen, kurzen roten Kleid und einer schwarzen Stola (es ist erbärmlich kalt im Restaurant).

Verlegen, denn ich hatte eine dicke, häßliche Administratorin erwartet, bitte ich sie, doch Platz zu nehmen. Dann agitiere ich über Marktwirtschaft, über die Konkurrenz, über die Möglichkeit, mit dieser Gaststätte viel Geld zu machen. »Aber diese Schlamperei, das habe ich selbst in Rußland kaum erlebt.« Sie verteidigt sich sehr leise. Die Kellnerinnen würden im Monat 400 Rubel verdienen, soviel wie hier zwei Essen mit einer Flasche Wein kosten. Weshalb sollen sie also gut arbeiten? Einträglicher wäre es, an Milizionäre und Spekulanten Wodka und Lebensmittel zu verkaufen, da könnte man gut verdienen. Sie hätte den Antrag gestellt, das Restaurant zu verkaufen, die Hälfte der faulen Leute zu entlassen, aber der Staat verkaufe nichts. Was also würde ich Deutscher hier von Marktwirtschaft reden? Sie bringt uns lächelnd neuen Wein, verabschiedet sich und lädt uns ein, morgen abend wiederzukommen.

Uns wird wärmer. Im hinteren Teil des Restaurants steht ein großer runder weißer Sockel, der von einem sechseckigen Geländer eingezäunt ist. Wir rätseln, wer auf dem Sockel stand. Lenin oder Stalin? Oder war es ein Springbrunnen? Ich sage: »Vielleicht tanzt dort oben eine orientalische Bauchtänzerin für Devisen?«

Auch am nächsten Tag strahlt die Sonne über Kasan. Wir treffen Sachid, den Muselmanen mit der Taschentuch-Knoten-Mütze, vor der Moschee. Er läuft mit uns bis zum Büro der tatarischen Unabhängigkeitsbewegung. Der Chefredakteur der Zeitung »Souveränität« begrüßt uns, freut sich, daß wir als Ausländer Interesse an den hiesigen Problemen hätten. Wir sollten helfen, daß man auch im Westen erfährt, daß Millionen Tataren um ihre Freiheit kämpfen, daß sie die Unabhängigkeit von Rußland verlangen. Auch das tatarische Parlament habe das beschlossen, aber Jelzin würde nicht darauf reagieren, sondern das Land weiter »in der russischen Sklaverei« behalten.

Der Vorsitzende des Unabhängigkeitskomitees, Amir Machutow, kommt. Er sieht mit seinen pomadigen, streng gescheitelten Haaren nicht wie ein Schriftsteller, sondern wie ein Bankier aus. Und der Fünfundvierzigjährige spricht auch so, gibt eine genaue, leidenschaftslose Bestandsaufnahme. Währenddessen aber wird Sachid zum glühenden Patrioten, er zeigt uns Fotos vom »heldenhaften Marsch« der Moslems gegen die Christen von Kasan (im Herbst 1991). Dann rollt er eine grün-weiß-rote Fahne mit den islamischen Symbolen – dem Stern und dem Halbmond – auf und schwenkt sie über unseren Köpfen. Er werde kämpfen, bis diese islamische, heilige Fahne über dem Kasaner Kreml weht. Der Vorsitzende erklärt, daß es noch einige »Verräter an der Sache« gibt, die nur die ökonomische Unabhängigkeit verlangen würden. Aber die Mehrheit der Tataren fordere einen eigenen Staat mit eigenem Geld, eigener Armee, eigenen Gesetzen, eigenem UNO-Sitz. Aller Reichtum Tatarstans (»bisher gehörten davon 80 Prozent der Sojus, 18 Prozent der Russischen Föderation und nur zwei Prozent der Tatarischen Republik«) müsse den Tataren zurückgegeben werden, die 400 Jahre alte Kolonialzeit zu Ende gehen. »Und wenn Jelzin unseren unabhängigen islamischen Staat in seinem Territorium nicht anerkennt, werden wir alle Tataren zum Streik auffordern. Und wenn er dann Truppen schickt, werden wir den heiligen Krieg ausrufen und die UNO bitten, uns Schutztruppen zu schicken. Für Tatarstans Freiheit werden wir bis zum letzten kämpfen!«

Nun ist auch er leidenschaftlich geworden. In der nächsten Woche würden sich 700 Delegierte der 20 Millionen Tataren aus aller Welt in Kasan treffen, eine neue Regierung verlangen. »Wenn das Volk es wünscht, werde ich mich zur Präsidentenwahl stellen«, sagt der Schriftsteller.

Danach stehe ich wie besoffen von seiner Rede auf der sonnenüberfluteten Straße. Ich brauche die Ruhe der Moschee, setze mich in den Gebetsraum. Später setzt sich Imam Kalil Bikgantajew zu uns. Er ist 35 Jahre alt, hat zuerst in Buchara an der Koranschule gelernt, nun schon zwei Jahre an der Islamischen Universität in Jordanien. Seine Großväter waren islamische Geistliche, sechs von ihnen Mullahs und einer ein Händler. »Der mußte sie alle ernähren«, sei mit Allahs Gnade 103 Jahre alt geworden.

Ich frage den Imam, ob auch er sehr streng und traditionell erzogen worden ist. Ja, er sei ein im Geiste Allahs erzogener Mensch, und er werde alles tun, daß es hier in Kasan keine besondere »russische Spielart« des Islam geben werde, sondern daß die traditionellen Rituale eingehalten und Mohammeds Lehre rein bleiben werde. »Wir bekommen nicht nur das Geld von den traditionellen islamischen Ländern, sondern auch unsere Lehrer.«

Ich bezweifle, daß es gelingt, die Tataren, die von den alten Gewohnheiten der Russen (Wodka und Schweinefleisch) und den neuen Theorien der Sowjets (die Gleichberechtigug der Frau neben dem Mann) beeinflußt sind, wieder für die strengen Regeln des Korans zu begeistern.

Doch der junge Imam ist optimistisch. »Wenn wir erst einen islamischen Staat Tatarstan errichtet haben, werden es viele nicht mehr wagen, gegen die Gebote Allahs zu leben.« Ich frage, ob er sich vorstellen könnte, daß der jetzige Vorsitzende des Unabhängigen Komitees, der Schriftsteller Amir Machutow, einmal Präsident dieses Staates wird. »Ich weiß es nicht, ich kenne ihn nur von seinen Besuchen in unserer Moschee.«

»Und wenn der jetzige Präsident, der gewandelte Kommunist, eines Tages zu Ihnen kommt, um zu Allah zu beten?«

»Wir würden ihn aufnehmen. Allah vergibt allen.«

Am Abend vor unserer Abreise aus Tatarstan gehen wir noch einmal ins Hotelrestaurant. Die Administratorin Jelena Jewlinowa, wieder im kurzen Kleid und mit schwarzer Stola, begrüßt uns, bringt uns zum Tisch und bedient uns freundlich lächelnd. Setzt sich dann zu uns (wir sind wieder die einzigen Gäste) und trinkt vom süßen, roten Wein. Jelenas Vater ist Tatare, ihre Mutter Russin. »Und wie würdest du dich entscheiden: für ein unabhängiges Tatarstan oder eine autonome Republik im russischen Staat?« Sie schüttelt den Kopf. Das sei für sie völlig unwichtig. »Ob Tatarstan oder Rußland – was würde sich im Land, was würde sich beispielsweise hier im Restaurant ändern? Würden die Leute weniger faul sein? Würden die Kellnerinnen den Milizionären keinen Wodka mehr verkaufen? Würden sie für ihre Arbeit mehr verdienen? Nicht eines der sozialen Probleme unseres Lebens würde mit dieser Entscheidung gelöst – also ist es für mich eine nebensächliche Frage.«

Sie entschuldigt sich. Zwei Handwerker in Filzstiefeln sind gekommen. Einer schleppt eine nackte Gipsfigur durch das Restaurant. Vor dem weißen Sockel stellt er sie ab, nimmt Leimtopf und Pinsel, bestreicht die runde Sockelfläche mit Kleber und setzt die Figur darauf: eine Bauchtänzerin mit unnatürlich spitzen Brüsten und knabenhaftem Po. Jelena erzählt, daß man sie wegen einer großen Hochzeitsfeier vorsorglich abmontiert hätte. Lächelnd sagt sie: »Wenn ihr unbedingt den Unterschied zwischen dem russischen und dem tatarisch-islamischen Kasan wissen wollt: Falls wir ein islamischer Staat werden, dann müssen wir eines Tages diese Nackte aus Gips für immer vom Sockel nehmen. Sollten wir dagegen ein Teil Rußlands bleiben, wird hier auf dem Sockel in ein oder zwei Jahren eine richtige Bauchtänzerin oder ein Striptease-Girl tanzen.«

Sie fragt, ob sie den Mechanismus anstellen soll, dann würde sich die Gipsfigur drehen . . .

Sarggeld in Uljanowna

ODER: »Tschernobyl war Gottes Strafe für eure Ungläubigkeit«

Dreimal riefen die zwei Priester der Gebietshauptstadt an, um mich zum Gespräch einzuladen. Zweimal entschuldigte ich mich. Beim dritten Mal ließ ich ausrichten, daß ich nicht mit ihnen, sondern mit einem einfachen Pater im Dorf Uljanowna, in dem Tschernobyl noch gegenwärtig ist, sprechen werde. Die zwei hatte ich bei Sonkin, dem Juden und Chef der modernsten Druckerei des Gebietes, kennengelernt. Sie trugen graue Anzüge und sahen aus wie Apparatschiks aus dem Partei- oder Staatsapparat. Sonkin zeigte ihnen den Andruck einer Ikone. Sie verglichen ihn mit dem Original und bemängelten, daß die roten Farben zu blaß wären.

Die Priester waren sehr geschäftig, eine Reise nach den USA stand bevor, dort wollten sie die Ikonendrucke für fünf Dollar das Stück verkaufen und die Dollar zu Hause eintauschen. Fünf Dollar gegen fünfhundert Rubel. Und für 500 Rubel bekämen sie zehn Flaschen vom süßen Meßwein »Gagon«, sagten sie. Und fragten mich nach meinem Glauben. Ich druckste, stotterte dann, daß ich meinen gerade verloren hätte und nun auf der Suche nach einem neuen sei. Sie schauten sich an, legten die Ikonendrucke zur Seite und begannen auf mich einzureden, daß ein Mensch ohne Glauben wie eine Pflanze ohne Licht verkümmern müßte. Die Augen des Jüngeren flackerten missionarisch. Er sagte, ich müßte sofort beweisen, daß ich ein Freund der russischen Menschen im allgemeinen und des russisch-orthodoxen im besonderen wäre. Blitzschnell holte er das Bild der Mutter Gottes aus der Jackentasche, hielt es mir vors Gesicht und forderte mich auf, zu ihr zu beten. Jetzt und auf der Stelle! Dafür würden sie mir einen neuen Glauben schenken! Ich schaute den Juden und früheren Kommunisten Sonkin an. Der sagte nichts. Der junge Eiferer hielt mir das Muttergottesbild immer und immer wieder vors Gesicht. Ich lächelte verlegen, sagte ausweichend, daß man solch eine Entscheidung nicht über das Knie brechen könnte, sogar die Kommunisten hätten mir Zeit gelassen zum Überlegen. Er schüttelte den Kopf. Ich müßte nicht überlegen, sondern nur den alten Glauben durch einen neuen ersetzen. Dann könnte ich überleben; wie alle Menschen im Osten. Heute sei ich schon der fünfte ehemalige Kommunist, den sie zur Mutter Gottes bekehren würden. Ich vertröstete sie, das Gespräch in der Kirche fortzusetzen, und ich war heilfroh, als ich wieder auf der Straße vor dem Druckereigebäude stand, an dessen Mauer ein graues Plakat mit grüner Schrift verkündet: »Der Sieg des Sozialismus ist gesetzmäßig.«

Aljoscha sagte mir am Abend, daß er nie in die russisch-orthodoxe Kirche eintreten wird. »Nicht wegen Gott, sondern wegen ihrer Priester. Heimlich ließen manche Mutige schon zu Breshnews Zeiten ihre Kinder in der Kirche taufen. Sie wurden dafür in der Partei bestraft oder aus Hochschulen entfernt. Verraten haben es die Priester, die regelmäßige Tauf-Meldung an Staat und Partei machten. An sie und ihren Gott kann ich nicht mehr glauben.«

Der Fotokorrespondent Sascha Paschin kennt einen einfachen ehrlichen Pater im Dorf Uljanowna, weit weg, Richtung Ukraine, dort wo sich die Atomwolke von Tschernobyl abgeregnet hatte. Galja, die Frau von Sascha, nimmt einen Tag frei, um uns zu begleiten. Sie hätte, so sagt sie, gute Erinnerungen an Uljanowna.

Wir fahren sehr frühzeitig. Der Bus schüttelt mir den Schlaf und die Gedanken aus dem Kopf. Je mehr wir uns Uljanowna nähern, um so häufiger ist die Erde von tiefen Gräben durchfurcht oder von verrosteten gekreuzten Stahlträgern gespießt. »Das sind Panzersperren aus dem letzten

Krieg«, sagt Sascha. »Der Kursker Bogen – hier tobte die schrecklichste Panzerschlacht aller Zeiten. Noch immer verdienen sich Kinder ein paar Mark, wenn sie in der Erde nach Erkennungsmarken buddeln. Aber seit Tschernobyl ist das eine gefährliche Sache. Die alten Wunden sind noch nicht verheilt, und schon wird die Erde neu verletzt.«

Die Erde in Uljanowna besteht aus knöcheltiefem schlammigen Kohlendreck. »Kohlendreck, den man als Belag auf den Straßen verteilt hat, um sie zu befestigen«, erzählt uns der alte Redakteur der Uljanownaer Zeitung, die vor einem Jahr »Lenins Vermächtnis« und heute »Nachrichten« heißt, zur Begrüßung. So sei man im Dorf gezwungen, nicht ängstlich nach unten zu schauen, sondern den Blick verzweifelt nach oben in den Himmel zu richten. Und ihr Himmel sei anschauenswert. An der Bushaltestelle beispielsweise die rote Backsteinkirche. Domähnlich, bis zum Glockenturm hochgezogen, kuppellos, nie fertiggebaut. Vor dem ersten Weltkrieg begonnen, im Krieg aufgehört, dann noch ein Versuch (»Die Schulkinder trugen monatelang in den Pausen jeder einen Stein nach oben«, erzählt der Redakteur), aber schließlich, so um 1930, hätte die neue Macht den Weiterbau endgültig verboten. Seitdem stände diese Gottes-Investruine. Sie hätte sogar dem zweiten Weltkrieg standgehalten, aber eine richtige Kirche würde es wohl nie mehr werden, sie trage noch nicht mal einen Namen.

Wir gehen die Hauptstraße entlang. Der Redakteur zeigt uns das große Haus der Kreisparteileitung. »Was ist heute drin?« »Unter anderem ein Arbeitsamt.« »Habt ihr hier schon Arbeitslose?« »Nein, aber man brauchte neue Stellen für die Funktionäre der verbotenen Partei.« Er zeigt uns die »letzte Heldentat« der örtlichen Parteiobrigkeit: das neue Kulturhaus für Uljanowna. Es steht, nur durch den Park (mit Lenindenkmal) getrennt, neben der großen Auferstehungskirche von Uljanowna, dem bisher mächtigsten (vollendeten) Bauwerk des Dorfes. Ich verharre vor den dicken, tragenden Kulturhaus-Säulen, staune über den halbfertigen Palast, der sich, was die Größe betrifft, mit Moskauer Maßstäben messen lassen kann. »Einige tausend haben dort Platz«, sagt der Redakteur. »Und wie viele Menschen wohnen in Uljanowna?« »Mit den Siechenden und den Säuglingen gerechnet nicht dreitausend. Aber das staatliche Kulturhaus wäre der mächtigste Bau in Uljanowna geworden, noch vor der Auferstehungskirche.« Doch nun gäbe es kein Geld mehr für die Kultur-Investruine, wahrscheinlich werde sie nie mehr fertiggebaut. »Unsere Enkel werden in 70 Jahren davon reden, wie wir heute von der zweiten Kirche.«

Vor der Auferstehungskirche stehen Gerüste. Sie wird renoviert. Außen und innen. Hinein könnten wir jetzt noch nicht, sagt der Redakteur, denn Pater Nikolai Mitrofanowitsch Bogosojew lese eine Totenmesse, und er leide es nicht, wenn jemand zu spät zur Messe erscheine.

Statt dessen Tee und Plätzchen in der Redaktion, die sich in einer Baracke befindet. Gennadi, ein junger Zeitungsmann, gesellt sich dazu. Er ist gläubig, aber wahrscheinlich nicht im strengen Sinne der russisch-orthodoxen Kirche, sondern mehr als Anhänger einer Naturreligion. Begeistert erzählt er von einem heiligen See in der Nähe von Uljanowna und von dem geweihten Brunnen in der Dorfmitte, in dem man – »auch als die Kirchenglocken schweigen mußten« – nie aufgehört hatte, das Gotteswasser zu holen, um damit kranke Tiere und Menschen zu besprengen. »Doch nach Tschernobyl war auch dieses Wasser krank.«

Galja, Paschins Frau, die sehr still ist, seit wir in Uljanowna angekommen sind, fragt, wie lange Pater Nikolai schon im Ort lebt. »Seit 1967, aber er wurde einige Male auf Verlangen der hiesigen Parteifunktionäre von seiner Kirchenobrigkeit in ander Gegenden strafversetzt. Er stammt aus Brjansk, sein Vater, ein Eisenbahner, hatte fünf Söhne, alle Söhne wurden Popen, und danach auch noch der Vater selbst.«

»Dann ist er es«, sagt Galja. Sie hätte 1968 in den Ferien mit einer Studentenbrigade hier in Uljanowna Häuser gebaut.

Die Glocke läutet das Ende der Messe ein, wir trinken den Tee aus. Früher (»bevor die Kommunisten sie stahlen«) hätte die Auferstehungskirche eine Glocke mit 12 Unzen Silber besessen.

»Man hörte sie 20 Kilometer weit. Die neue tönt nur zwei, drei Kilometer.« Hier in der Baracke aber ist sie ohrenbetäubend laut. »Wir befinden uns ja auch sozusagen noch auf Kirchengelände. Unter der Baracke ist der Kirchenfriedhof, auf dem die Priester der Auferstehungskirche begraben worden sind.« »Und«, frage ich unsicher, »liegen sie noch drunter?« »Ja, genau unter uns«, sagt der alte Redakteur und spült die Teegläser aus.

Hinter seinem Schreibtisch hängt ein Kalenderplakat von 1992 mit allen Porträts der Zarendynastie der Romanows. »Wir lernen die alten Namen wieder auswendig. Und vielleicht wird Uljanowna bald nicht mehr Uljanowna heißen.« »Wie hieß es früher?« »Plochinow – das Schlechte.« Das sei natürlich im Sozialismus kein passender Name gewesen, deshalb benannte man es nach dem ersten Partei-Gebietssekretär von Orjol, Romanzowa. Aber 1931 wurde dieser erste Gebietssekretär in eines von Stalins Lagern depotiert, und »auf Bitten der Bevölkerung« erhielt das Dorf den »großen leninschen Namen«.

Im Park, auf dem Weg zur Kirche – vorbei an einer Gedenkstätte mit der Losung »Das sowjetische Volk – das Volk der Sieger!« – spricht uns eine grauhaarige Frau verlegen an. Später spricht sie lauter, schreit, wird cholerisch. Ich schätze sie auf 60, aber Soja Iwanowna ist erst 40. Sie fragt, ob ich ihr Haus kaufen möchte. (»Mein Mann hat es aus guten Steinen gebaut, danach starb er, Kinder haben wir keine.«) Sie würde es billig für 10 000 Rubel (350 DM) abgeben. Beschwörend fleht sie: »Kaufen Sie es. Ich muß hier weg, sonst wird das Haus mein Grab.«

Sie weint. Sagt, daß ich ja nicht drin wohnen müsse, aber sie brauche 10 000 Rubel, um wegzufahren. »Die Erde hier macht mich krank. Schauen Sie, meine Augen sind Froschaugen geworden, der Hals dick wie bei einem Karpfen. Das sind die Strahlen.« Ich frage: »Tschernobyl?« Der alte Redakteur nickt. »Wir erhalten alle zusätzliches Geld, um uns strahlenfreies Obst und Gemüse aus anderen Gegenden kaufen zu können.« Die Frau lacht hysterisch. »Daß ich nicht lache, es gibt nicht mal Kraut von unseren Äckern. Wodka, ja, Wodka kann man sich davon kaufen, von diesem, wie wir es nennen, Sarggeld oder Sterbegeld. Jeder 50 Prozent zu seinem Lohn. Ich arbeite auf den Feldern, wühle in der verseuchten Erde, verdiene 520 Rubel plus 260 Rubel Sarggeld. Mein Natschalnik, der den ganzen Tag in seinem betongeschützten Bürohaus sitzt, bekommt 1300 Rubel plus 650 Rubel Sarggeld. Sein Tod ist teurer. Und der Pope sagt, wir sollen beten, dann werde es Gerechtigkeit geben. Vom Beten? Niemals!« Sie rennt uns hinterher, bettelt und fleht, daß ich ihr Haus kaufe.

Ich sage zu dem Redakteur, daß Pater Nikolai hier vermutlich viel zu tun haben wird. »Ja, viele Häuser stehen schon leer.« Galja erkundigt sich nach »ihrem Haus«, das sie vor zwanzig Jahren gebaut hat. »Es ist noch bewohnt.« Sie erinnert sich an Pater Nikolai. »Er lief jeden Morgen an unserer Mädchen-Baustelle vorbei, ging zum Fluß, um sich zu waschen. Ein junger Mann mit freien Oberkörper. Wir guckten verschämt, keiner sprach ihn an – halbnackt und dazu ein Feind des Sozialismus, ein Pope. Wir waren Komsomolzen. Nach der zweiten Woche grüßten wir uns. Einige von uns wagten es sogar, sich die Kirche von innen anzuschauen. Ich nicht, ich schaute nur aus der Ferne.«

Ein junger Mann hackt dicke Holzkloben vor der Kirche. Pater Nikolai sei nach der Messe sofort wieder ins Dorf, sagt er bedauernd. »Er wollte Ziegel organisieren.« Es gäbe normalerweise keine, heute wären aber welche angekommen. Balken und Steine liegen zu Haufen vor der Kirche. Aber alles müßten der Pater und seine Söhne mit wenigen Helfern allein bauen. »Ein Kommandeur der Armee, der seine Soldaten zum Arbeiten geschickt hatte, wurde kurzerhand versetzt. Nun kommt niemand mehr.« Er zeigt uns neben seinem Holzstapel die Tür zum Kirchenkeller. »Hier drin hat die Geheimpolizei Menschen aus Uljanowna – sogenannte Spione – erschossen, weil sie bei Luftangriffen die Fenster nicht verdunkelt hätten. Auch Kirchen waren Hinrichtungsstätten.«

Ein alter Armeejeep hält. Heraus steigt ein sehr dickbäuchiger stämmiger Mann mit Filzstiefeln, zerschlissener, ölverschmierter Wattejacke. Freundliche blaue Augen im sonst vom Bart versteckten Gesicht. Der Holzhacker sagt: »Das ist unser Pater Nikolai.« Nur fünf Minuten später steht er im grauen Popengewand, das silberne schwere Kreuz vor der Brust, mit uns in der Kirche. Steht dann bewegungslos neben dem Altar, als sei er ein Stützpfeiler der Kirche. Unverfängliches Plaudern ist unmöglich. Ich stehe eine Stunde neben ihm. Frage – und er predigt.

»Sie fragen mich, wie wird das Leben in Rußland weitergehen – es gibt nur eine Antwort darauf: Wenn die Menschen wieder an Gott glauben, wenn sie wieder demütig sein können – dann wird Gott die Russen nicht im Stich lassen. Aber wenn die Gottlosigkeit nicht beendet wird, dann gibt es keine Rettung für Rußland. Nicht Jelzin oder ein anderer Führer kann Rußland retten, das kann nur Gott. Was lamentieren wir gegen die hohen Preise, was beklagen wir uns über die Obrigkeit? Wir werden nichts verändern, das kann nur Gott.«

Ich traue mich, unter Hinweis auf die Gerüste in der Kirche, zu sagen, daß er natürlich selbst auch verändert, die zerfallenen Wände befestigt, das Kuppeldach abdichtet. »Das ist etwas anderes, ich baue und erhalte diese Kirche für Gott. Ich mache alles mit meinen Händen, mauere, malere, tischlere. Ohne meinen Glauben würde mir es jedoch nicht einmal gelingen, daß ein Stein gerade auf dem anderen steht. Was Glaube ist? Glaube ist in erster Linie Angst vor Gott. Wenn ich keine Angst habe, Unrecht zu tun, keine Angst habe vor Gottes Strafe, wird mich nichts davor bewahren, Schlechtes zu tun. Was wird mich davor bewahren, auf Kosten meines Nachbarn reich werden zu wollen? Wer keine Angst vor Gott hat, wer nur betet und betet, der wird nicht glauben, der wird von Gott sprechen und gleichzeitig Schlechtes tun. Zum Osterfest ist unsere Kirche mit über tausend Menchen gefüllt. Ich schaue ihnen in die Augen und weiß, daß sie nicht glauben, denn sie haben keine Angst vor Gott. Auch Jelzin hat keine Angst vor Gott, obwohl er in die Kirche gegangen ist. Ich werde jeden, der früher Kommunist war, in meiner Kirche aufnehmen, aber er muß allein kommen, und er muß so, wie er zuvor Angst vor der Strafe seiner Partei hatte, nun Angst vor Gottes Strafe haben.«

Er werde keinen agitieren, er werde nicht in die Schulen gehen, um den Kindern Gottes Glauben zu bringen, er werde keine Musikkonzerte für die Jugend in der Kirche veranstalten, er werde nur die nehmen, die allein kommen, noch wären es wenige. »Aber die Kälte wird über die Menschen kommen, sie werden noch schlechter werden durch die drohende Not. Dann kann sie nur die Kirche erretten.«

Ich frage ihn, ob er sich um die sozialen Probleme seiner Gläubigen kümmert. »Ja, ich bete für sie – alles andere wird Gott tun.« »Und die an den Folgen von Tschernobyl leiden?« Er rührt sich zum ersten Mal von seinem Platz am Altar, geht mit uns in den größten Raum der riesigen Sommerkirche, bleibt vor einem Wandgemälde stehen. Schlangenkörper winden sich im Wüstensand mit sterbenden, von ihnen gebissenen Menschen. »Und das Volk wurde verdrossen auf dem Wege und redete wider Moses; warum hast du uns aus

Ägypten geführt. Da sandte der HERR feurige Schlangen unter das Volk, daß viele aus Israel starben.«

Ich frage, was dieses Bild mit dem Atomunglück von Tschernobyl zu tun hat. »Die Atomstrahlen sind heute die Schlangen, die der HERR geschickt hat, um die Menschen für ihre Ungläubigkeit zu strafen. Tschernobyl ist die Strafe für unsere Gottlosigkeit.«

Zum Abschied fragt er mich nicht nach meinem Glauben. Er segnet mich, wünscht immer genügend Brot, Hoffnung und . . . reines Wasser. Galja fragt plötzlich: »Schwimmen Sie noch im Fluß?« »Nein, nach Tschernobyl nicht mehr.«

Auf dem Weg zur Bushaltestelle an einer geduldig wartenden Schlange vor dem erbärmlichen Lebensmittelladen vorbeigehend, sagt der alte Redakteur: »Wenn das russische Volk nicht mehr dulden kann, wenn man ihm die Leiden nimmt, so verliert es seinen guten Charakter. All das, was es für den Fremden aus dem Westen so anziehend macht, seine große Seele, seine Gastfreundschaft, seine Hilfsbereitschaft, all das würde es verlieren, wenn es nicht mehr leidet.«

Gennadi, der Junge, sagt: »Aber die heute Zwanzig- und Dreißigjährigen wollen nicht mehr leiden wie ihr, sie wollen endlich leben.«

Am Busplatz, neben der kuppellosen großen roten Backstein-Kirchenruine, deutet Gennadi auf eines der Fensterlöcher. Alte, nicht vernarbte Einschußwunden drumherum.

»Dort habe ich nach dem Krieg einen deutschen verwesten Soldaten gefunden. Er hatte noch die Gasmaske umhängen.«

Und hier auf dem Busbahnhof sei bis in die 60er Jahre der deutsche Soldatenfriedhof gewesen. »Hat man die toten Soldaten umgebettet?« frage ich. »Nein, einfach Kies und Straßenschotter draufgekippt.« »Wie auf dem Friedhof der russisch-orthodoxen Kirche«, sage ich. »Genauso«, sagt er.

»Und hat keiner von euch dagegen protestiert? Hat keiner etwas gegen diese Schändung unternommen?« Er schaut mich groß an. »Wer sollte etwas dagegen unternehmen?« Der alte Redakteur sagt: »Nur der erste Kreissekretär der Partei hätte es verhindern können.«

»Oder Gott«, sagt Gennadi.

Der Fluch der Untätigkeit

ODER: »Neunzehn Mal erhielt das Werk die rote Wanderfahne«

Die Metro war, wie immer, wenn die Moskauer am Sonnabend unterwegs sind, um Waren zu erstehen, schweißtreibend überfüllt. Und trotz seiner russischen Schapka paßte mein Freund Gerd nicht so recht in das Bild der drängelnden, bepackten und mißmutigen Menschen. Unter dem pelzbesetzten Kragen seines braunen Wildledermantels lugten die graue Anzugsjacke, ein weißes Hemd und der Schlips hervor. »Dir fehlt nur noch das Diplomatenköfferchen«, spottete ich.

Mit fast 40 Jahren gehört der Doktor der Philosophie zu den neuen Berliner Jungunternehmern, die sich redlich mühen, mit Handel und Wandel zwischen Ost und West ihre Existenz aufzubauen. Eine Filiale hat der ehemalige Entwicklungshelfer, der viele Jahre in Moçambique arbeitete, nun in Südafrika; er verkauft von dort u. a. Bier nach Südamerika. (»Mit viel Arbeit und wenig Gewinn, aber irgendwie muß man ja wieder anfangen!«). In Johannesburg kam er auch mit den ehemals Mächtigsten dieser Welt, den Vertretern der südafrikanischen Goldminen, zusammen. Sie hatten erfahren, daß seine Firma Beziehungen zu Rußland unterhält und geschlußfolgert: Wenn in Rußland so viele Panzer wie nirgendwo sonst in der Welt gebaut werden, muß es auch die meisten Gießereien und Maschinenbaubetriebe geben, und wahrscheinlich kann man deshalb in Rußland billiger als anderswo Räder und Achsen für die Loren der südafrikanischen Goldminen kaufen! Ein Großauftrag für mehrere Jahre und viele Millionen Dollar.

Mit diesem Auftrag in der Tasche fährt Gerd jetzt zwischen den vom Kampf um Kohl und Kartoffeln kaputten Moskauern zum ersten Gespräch zu den Direktoren eines Maschinenbaukombinates. »Am Sonnabend«, hatte seine russische Frau gezweifelt, »am Sonnabend arbeitet hier keiner ernsthaft, auch kein Direktor!« Aber Gerd ist optimistisch, bei solch einem lukrativen Angebot würde man bestimmt . . . Trotzdem bittet er, daß ich mich in der Provinz nach zwei oder drei weiteren Betrieben umschaue und seinen Besuch dort für Mittwoch und Donnerstag vorbereite.

Eisengießereien gibt es zwischen Brjansk und Moskau wahrscheinlich mehr als Fleischbetriebe, denn fast jeder, den ich frage, kann mir eine nennen. Im Kalugaer Museum informiert man mich, daß die ältesten in Kirow, Ljudinowo und Suchinitschi stehen und vor rund 200 Jahren vom Kaufmann Afanassi Gontscharow gegründet wurden. Und dieser Kaufmann, der seinerzeit in der Gegend auch Porzellan- und Papierfabriken bauen ließ, sei der Großvater von Natalie aus Polotnjai Sawod gewesen.

Und diese schöne Natalie, aber das würde ich als Schriftsteller ja wissen, habe Puschkin geheiratet, wegen ihr hätte er sich später duelliert.

Schwieriger als diese Informationen sind die Telefonnummern der Gießereien zu besorgen. Telefonbücher gibt es keine, und das Gebietstelefonamt teilt mit, daß es für die nächsten Stunden überlastet sei.

Ich versuche es vom Büro der Fernsehgesellschaft NIKA. Dort nimmt das Fernamt wenigstens die Anmeldungen für die Gießereien in Kirow, Ljudinowo und Suchinitschi entgegen. Das geschieht früh um 10 Uhr – sozusagen der Start unserer Aktion »Der Millionen-Dollar-Auftrag für russische Betriebe«. Um 12 Uhr warte ich immer noch. Aljoscha bezweifelt, daß ich ohne Fürsprache von oben ein Geschäft zwischen Südafrika und russischen Betrieben organisieren kann. Vielleicht sollte ich zuvor Herrn Dejagin, den Statthalter von Jelzin (der hat wie zur Zarenzeit in allen Gebieten ihm direkt unterstellte weisungsberechtigte »Gouverneure«

eingesetzt), konsultieren. Ich rufe Dejagin an, informiere ihn über den Millionen-Auftrag. Aber er sagt nur, daß er zur Zeit andere Probleme hätte und legt auf. Um 15 Uhr kommt das erste Gespräch aus dem 150 Kilometer entfernten Kirow. Irgend jemand – den Betriebsdirektor erreiche ich nicht – bestätigt Interesse an den Rädern und Achsen. In Ljudinowo spreche ich zwar den Betriebsdirektor, doch der ist beim Kofferpacken. Kommandirowka – Dienstreise für 14 Tage. Danach könnten wir über den Auftrag sprechen. Ich sage, daß der südafrikanische Vertreter nur in dieer Woche hier sei. »Dann kann ich Ihnen leider nicht helfen!« Ende.

Die Verbindung nach Suchinitschi kommt auch am nächsten Tag nicht zustande, und in meiner Not rufe ich noch das Kalugaer Maschinenbauwerk an, das Dieselloks und Gleisbaumaschinen produziert.

Als Gerd am Mittwoch mit der Elektritschka eintrifft, fällt mir auf, daß er keinen Anzug und keinen Schlips trägt, müde und erfroren aussieht. Der Zug war ungeheizt, außerdem hätte er keine Toilette gefunden und mußte vier Stunden nach drei Tassen Kaffee ausharren. (Ich war aus diesem Grund schon einmal nach zwei Stunden auf einem Bahnhof ausgestiegen und drei Stunden später mit der nächsten Bahn weitergefahren.) Als Gerd auch nach dem dritten Begrüßungswodka noch friert, gebe ich ihm eine lange Unterhose. »Du warst zu oft in Südafrika, du mußt dich erst wieder an russische Verhältnisse gewöhnen.«

Ich frage nach den Ergebnissen des sonnabendlichen Gespräches mit den Moskauer Direktoren. »Meine Frau hatte recht, von ernsthaften Arbeitsgesprächen keine Spur, nur ein kurzes »ja, ja – wir können alles liefern, Achsen und Räder«. Aber sie hätten nicht einmal nach der Materialzusammensetzung und den Größen gefragt, nichts vereinbart, nur zum Aufbruch gedrängt. »Denn die Sauna war vorbereitet; ich war schließlich ein hochverehrter Gast. Und in der Sauna sprachen sie kein Wort mehr über Achsen und Räder, erzählten nur noch von ihren Kommandirowkas nach Westeuropa, von ihren Datschen und den Feiern mit schönen Mädchen . . .«

Am Nachmittag fahren wir in das Kalugaer Maschinenbauwerk. Vor dem Eingang verkünden goldene Lettern, daß der Betrieb mit dem Orden der Oktoberrevolution ausgezeichnet worden ist. Innen mahnen rote Buchstaben, »alles für den Sieg des Sozialismus und das Wohl der Sowjetunion« zu tun.

Im Zimmer vom Hauptingenieur hängen keine Losungen, nicht einmal mehr ein Porträt, aber im Glasschrank entdecke ich den DDR-Wimpel und eine Thälmann-Büste. »Zur Erinnerung an den Besuch im Werkzeugkombinat Schmalkalden«. Klein ist die Welt, denke ich und muß lächeln. Zum ersten Mal fühle ich mich bei solch einem Betriebsbesuch gut, denn zum ersten Mal muß ich nicht nur unverbindliche Freundschaftsworte herunterbeten, sondern kann sagen: Wir bringen euch einen Millionen-Dollar-Auftrag, die Überlebenschance für den Betrieb.

Doch je eifriger Gerd davon erzählt, desto uninteressierter guckt der Hauptingenieur auf sein Papier. Dann: »Nun ja, interessant ist das alles, aber die Schwierigkeiten . . . Und solange ich noch hier im Betrieb bin, reichen unsere bisherigen Aufträge.« Außerdem hätten sie nur eine kleine Gießerei, würden sich mehr auf die Nachbehandlung spezialisieren. Aber vielleicht gießt man in Kirow die Räder und Achsen, und hier werden sie bearbeitet, schlägt Gerd vor. Der Hauptingenieur antwortet nicht, sondern lädt uns zum Betriebsrundgang ein. Er präsentiert zufrieden die mannshohen Räder, die sie für russische Lokomotiven produzieren. »50 Stück im Monat und unser Plan ist erfüllt. Besser als 40 000 kleine Räder für südafrikanische Bergwerksloren«, sagt er.

Verschnaufpause im Zimmer der Meisterin für Qualitätsprüfung Warwarja Wassiljewna Aleksejewa, einer auf den ersten Bilck unscheinbaren Frau, die aber, sobald sie über Stahl und Eisen spricht, leidenschaftlicher argumentiert als mancher Politiker im Parlament. Alle Zulieferer in der ehemaligen Union kennt sie, weiß, welche Qualität wo produziert wird. Natürlich könnte man die Zulieferung der Achsen und Räder organisieren, beispielsweise müßte man . . . Dann aber wird sie nachdenklich. Die Materialbeschaffung, das sei nur eine Sache. Aber die Genehmigungen für solch einen Auftrag! Da säßen zahllose Verantwortliche in Kaluga, die würden für zwei, drei Flaschen mit sich sprechen lassen. Aber dann wären noch Jelzins Leute in Moskau. Weshalb hätte er diese Ausfuhrverbotsliste sonst aufgestellt – nur damit diese Bürokraten weiterhin Macht und Einfluß besäßen. Also dort müßte man für solch eine Sondergenehmigung vielleicht schon ein kleines neues Auto vor die Tür stellen. »Schließlich wollen Sie etwas von diesen Natschalniks«, sagt die erfahrene Meisterin.

Wieder im Büro des Verkaufsdirektors fragen wir, ob er morgen mit uns nach Kirow fährt, vielleicht könnte man eine Kooperation organisieren. »Nein, ich habe morgen schon eine andere Kommandirowka.« Freundlich schenkt er uns seine Visitenkarte und eine farbige Broschüre über das Maschinenbauwerk. Auf Hochglanzpapier: »19mal erhielt das Werk die rote Wanderfahne des Gewerkschaftsbundes der Sowjetunion und des Volkskommissariats für Verkehrswesen, und diese ist dem Kollektiv des Werkes zur ewigen Aufbewahrung übergeben worden.«

Ich tröste Gerd: »Morgen in Kirow werden sie uns wie Rockefeller begrüßen und dankbar für das Angebot sein.«

Der Bus braucht vier Stunden bis Kirow. Blauer Himmel, golden strahlt die Sonne auf den dicken Schnee der Tannen-und Birkenwälder. Aus der Idylle dieser dorflosen Einsamkeit fahren wir dann unvermittelt in das Zentrum von Kirow, das aus Schornsteinen, Kühltürmen und Fabrikhallen besteht. Von der Endhaltestelle des Busses laufen wir nicht auf der Straße zur Eisengießerei, sondern quer über das Feld, an Zäunen entlang. Schließlich finden wir einen offenen, unbewachten Hintereingang und stehen plötzlich zwischen den alten Hallen, den riesigen Kränen, den Stahllagern. Und ich erschrecke, denn ich weiß um die Wachsamkeit in sowjetischen Betrieben: ohne Genehmigung kein Einlaß – und erst recht nicht für Ausländer; die müssen die Stempel der übergeordneten Behörde vorzeigen und von ihr auf Schritt und Tritt begleitet werden. Und wir stehen nun mutterseelenallein in dem Kirower Großbetrieb, und ich fühle mich nicht mehr wie ein Dollarmillionär (die kommen – so zeigt es das hiesige Fernsehen allabendlich in billigen amerikanischen Filmen – mit dickem Mercedes oder Hubschraubern, begleitet von Sicherheitsleuten und superhübschen Sekretärinnen – und so erwartet man sie hier wohl auch!), sondern wie ein »kapitalistischer Wirtschaftsspion«. Eine halbe Stunde schon laufen wir durch den Betrieb, gehen durch Hallen, dann öffnen wir die Tür zur Gießerei. Schon nach den ersten Sekunden reibe ich mir die tränenden Augen, huste, als müßte ich ersticken, und erst spät entdecke ich zwischen den krachenden Pressen, zwischen der glühenden Schmelze, zwischen den rauchspuckenden Formen und zwischen den staubigen Haufen des Schwarzen Formsandes Menschen.

Sie schaufeln den Sand in die Formen, sie schlagen mit großen Hämmern die Gußreste von den heißen, aus den Formen geschütteten Stahlbadewannen. Sie sind vermummt mit Kopftüchern und haben sich Lappen vor den Mund gebunden. Erst an den Augen und den gewölbten Wattejacken merke ich, daß es Frauen sind. Frauen in undefinierbarem Alter. Frauen zwischen Ketten, Glut und Guß in rauch- und sandschwarzen Hallen! Sie blicken nicht auf, sie schaufeln und hämmern. Frauen, nur Frauen.

Gerd knirscht mit den Zähnen. »So schuften in Südafrika nicht mal die Schwarzen!«

Wir retten uns zur nächsten Tür. Ein dunkler Zwischenraum, dann plötzlich Helle und frische Luft. Eine große Werkhalle mit sauberem Fußboden, Drehbänken und Blumentöpfen auf den Fensterbänken. An den Maschinen stehen Männer, nur Männer!!! Draußen rede ich nun nicht mehr über den Auftrag an sich, sondern fange an zu agitieren. Mit diesen Millionen Dollar könnte man die Sklavenarbeit der Frauen verändern, eine neue Technologie kaufen, menschenwürdiges Leben . . . Ich kenne mich, ich werde zum sozialen Eiferer, wie immer, wenn ich eigene Schuld begreife und vertuschen will: Wie oft habe ich geschrieben über die Befreiung der Frau im Sozialismus, ihre Gleichberechtigung, weil sie ökonomisch frei ist. Und nun diese Gießerei!

Obwohl wir vorgestern telefoniert haben und gestern ein Telegramm schickten, weiß heute angeblich niemand in der Betriebsleitung von unserem Kommen. Die Vorstellung als Vertreter einer südafrikanisch-deutschen Firma nutzt nichts, ohne Empfehlung der Moskauer oder Kalugaer Zentrale schickt man uns mit dem Millionen-Dollar-Auftrag in der Tasche von Tür zu Tür. Nach einer halben Stunde Bittgang entscheidet man, daß wir mit dem Verkaufsdirektor sprechen können, doch der würde jetzt anderthalb Stunden Mittag machen. Wir sollten warten.

Wir setzen uns auf dem langen Gang vor seinem Büro auf die Fensterbretter, wärmen die Füße an der Heizung. Ein schwarzäugiger, georgisch aussehender Russe, der seine Pelzschapka nicht abnimmt, steht apathisch neben uns und schaut nicht wie wir alle paar Minuten nervös auf die Uhr. Er kommt aus dem Nachbarkolchos, will Ersatzteile für einen Traktor bestellen. Im Gegensatz zu uns hat er einen gestempelten Dienstauftrag und muß keine eineinhalb Stunden warten. Wir fluchen nicht mehr. Gerd sagt nur leise: »Stell dir vor, wir wären echte Unternehmer mit Mercedes und Sekretärin, die hier investieren wollten. Einmal und nie wieder nach Rußland! Die jetzt hier was vereinbaren, das sind genau solche Enthusiasten wie die Männer, die sich als erste in das Innere von Afrika wagten!«

Zuerst notiert der Verkaufsdirektor sorgfältig unsere Namen und unser Woher und Wohin. Dann hört er sich die Offerte an. Nickt wohlwollend und sagt dann: »Räder und Achsen für 20 Millionen im Jahr? Nun ja, aber da brauchen wir erst einmal die genauen Größen, technische Zeichnungen, zuvor lohnt es nicht, darüber zu sprechen . . .«

Von welcher Seite wir es auch anfangen (»Sichere Perspektive für die nächsten Jahre«, »Devisen für zusätzliche Lebensmittel«), er antwortet stereotyp: »Die Größen, die Zeichnungen – eher werden wir nicht darüber sprechen!« Freundlich-diplomatische Zurückhaltung bei Gesprächen mit den Kapitalisten – so habe auch ich das gelernt. Erst als wir ihm sagen, daß wir aus Thüringen, der alten DDR, kommen, wird er gesprächig, spricht über seine Angst vor der Ungewißheit der marktwirtschaftlichen Zukunft. Der Betrieb wäre schon eine Aktiengesellschaft, man hätte den Gewinn des vergangenen Jahres genommen und ihn an die Betriebsangehörigen verteilt. Theoretisch gehöre der Betrieb also schon nicht mehr dem Staat. »Aber praktisch müssen wir den Staat in Kaluga und Moskau um jeden Geschäftsauftrag bitten. Damit Jelzins Bürokraten nicht arbeitslos werden.« Er fragt, ob wir wüßten, daß diese Gießerei vor rund 200 Jahren vom Kaufmann Gontscharow gegründet wurde. Als wir nicken, sagt er: »Damals konnte dieser Betrieb hier kaufen und verkaufen, was er wollte. Er mußte keine Behörden fragen. Mit ihm hätten sie den Vertrag sofort besiegeln können. Wir waren im Frühkapitalismus in unserer Wirtschaft schon effektiver als heute.«

Er zeigt uns den Betrieb. Wir sagen nicht, daß wir ihn schon kennen. Bevor er die Tür zur Gießerei öffnet, hole ich tief Luft. Obwohl alles in mir widerstrebt, will ich fotografieren. Er sagt: »Nein, hier können Sie nicht fotografieren!«

Vor der Halle steht eine der vermummten Frauen. Ich frage, weshalb sie diese dreckigste und schwerste Knochenarbeit, die man sich vorstellen könne, verrichtet: »Ich bin vor zehn Jahren vom Dorf, in dem es keine Arbeit gab, hierher gekommen. Denn hier versprach man uns einen anständigen Lohn und eine kleine Wohnung – wenn wir in die Gießerei gehen.«

»Wieviel verdienen Sie?«

»Nach der Preisfreigabe nun 1000 Rubel im Monat«, sagt sie und geht zurück in die schwarze Hölle.

Ich predige missionarisch: »Mit den Millionen Dollar könnte man eine neue Technologie aufbauen, die Arbeit erleichtern . . .«

Der Verkaufsdirektor nickt erst, dann aber schüttelt er zweifelnd den Kopf: »Die Millionen Devisen müßten wir an den Staat abliefern, uns bliebe nur ein Bruchteil davon. Und deswegen unsere Produktion umstellen, neues Material für diese südafrikanischen Räder und Achsen besorgen . . . Wer macht das schon für nichts und wieder nichts?«

Wir verabreden, daß wir die Zeichnungen schicken und uns dann noch einmal auf den Weg hierher machen. Er sagt lächelnd: »Dann kennen wir uns ja schon« und organisiert einen Jeep, der uns die 100 Kilometer bis zur nächsten Eisenbahnstation bringen soll. Dreimal ermahnt er den Chauffeur, vorsichtig zu fahren. Zum Abschied umarmen wir uns nach russischer Sitte. Während der Fahrt auf der nächtlichen spiegelglatten, nicht geräumten Straße begreife ich schweißnaß, weshalb er den Chauffeur dreimal ermahnte.

Die nächste Bahnstation heißt Suchinitschi, hier steht die dritte der Gontscharowschen Gießereien. In Suchinitschi halten täglich dreißig bis vierzig Fernzüge, die aus dem Süden und dem Ausland nach Moskau fahren. Billetts verkauft die Beamtin an der Kasse uns jedoch keine, weil sie nicht weiß, ob in einem der nächsten Züge Plätze frei sind.

Also stellen wir uns auf die lange Brücke, von der aus man die Gleise überblicken kann, erkunden den nächsten ankommenden Zug, stürmen auf den Bahnsteig, bezahlen bei der Waggonschaffnerin den doppelten Preis, werden eingewiesen und finden später sogar den Restaurantwagen. Der Koch sitzt am Eingang und liest. Die übrigen Beschäftigten sitzen vor den Leergutkisten und spielen Karten. Wir sollten uns rausscheren, knurrt einer, sie hätten keine Zeit. Aber als sie bemerken, daß wir Ausländer sind, bieten sie uns sofort einen Platz an, bereiten uns frisches Schaschlik, bringen Brot und Salat, servieren sogar sowjetischen Champagner, 200 Rubel eine Flasche. Aber alle, die uns bedienen, hoffen auf zwei oder drei Dollar. Für fünf Dollar würden sie uns sogar noch Mädchen besorgen, ein freies Betten-Abteil finden.

Es ist gemütlich warm im Waggon, wir genießen den »Schampanskoje«. Nur einmal denke ich: Die Frauen in der Gießereihölle könnten sich für ihren gesamten Monatslohn fünf Flaschen kaufen.

Nach der zweiten Flasche sage ich zu Gerd: »Vielleicht war es ein Fehler, daß du ohne Schlips und Anzug zu den Verhandlungen gekommen bist.«

Horoskop für Rußland

ODER: »Bitte schreiben Sie im Gästebuch des Gefängnisses«

Fünfundzwanzig Grad minus – das Holzhäuschen der Babuschka scheint sich unter dem Frost zu ducken und Dach und Gemäuer dicht aneinander zu pressen, um so die Wärme zu bewahren. Die Fensterritzen habe ich mit Papierstreifen beklebt, aber das Thermometer fällt in meinem Zimmer trotzdem auf 12 Grad.

Aljoschas Mutter bringt mir bis zu den Knien reichende dicke schwarze Filzstiefel. Es wird zeitig dunkel, und ich sitze in diesen Stiefeln allein im Zimmer; die Babuschka unterhält sich in der Küche mit der Katze. Manchmal überkommt mich dann die verdrängte Sehnsucht nach »deutscher Zivilisation«: einfach ein Bier trinken gehen oder wenigstens ein Ei mit Speck braten . . . oder aber (dieser Wunsch geht an die Substanz!) nach Hause telefonieren können. Seit ich hier bin, teilt mir die Telefonistin jedesmal lakonisch mit, daß alle Leitungen nach Deutschland besetzt sind. Ich bitte um Vorbestellung für morgen, übermorgen oder nächste Woche. »Sie sind immer besetzt!« Und Schluß! Diese furchtbare Ohnmacht des Ausgeliefertseins, des Nichts-dagegen-tun-Könnens ist der Beginn der lähmenden Hoffnungslosigkeit.

Aljoscha fragt, ob ich noch einige von den mitgebrachten Kindersachen hätte. Er möchte Freunde besuchen, sie hätten zwei Kinder. »Ich gehe zu ihnen, wenn ich ein moralisches Tief habe, und hole mir Mut.« Auf dem Weg dorthin frage ich ihn nach seinem Gefühl der Ohnmacht. »Vor vier oder fünf Jahren bekam ich von diesen Leuten bei uns verbotene Bücher von Freud und über die indische Philosophie. Einige Studenten meines Instituts wurden mit solchen Büchern (oder nach 23 Uhr mit Mädchen auf dem Zimmern) erwischt und sofort vom Institut verwiesen, wegen der Literatur sogar verhaftet! Und die Menschen, die diese schmutzige Arbeit erledigten, sind heute große Tiere am Institut, und ich muß sie freundlich grüßen oder ihnen gute Worte geben, weil ich gegen sie mein Diplom nicht erhalten werde. Das ist meine Ohnmacht.«

Der Mann, der uns öffnet, trägt eine ausgebeulte Trainingshose und ein T-Shirt. Er hat schon einen Bauch. Obwohl wir nicht angemeldet sind, begrüßt er uns lächelnd. Seine Frau – beide sind zwischen 30 und 40 – hat wallendes engelblondes Haar und eine Art Bademantel übergezogen. Sie ist Moldawierin, Lehrerin für Kunst und Ästhetik, er ein Russe, Ingenieur, Mathematiker, Computerspezialist und – Astrologe. Sie ziehen sich nicht um, setzen sich mit uns aufs Sofa. Die vierjährige Mascha, eine Schelmin, und die 14jährige Katja, schon eine schwarzäugige Schönheit, begrüßen uns. Zeichnungen der Kinder und Heiligenbilder stehen im überfüllten Bücherregal. An den Wänden hängen Ölgemälde. Auf allen zerfließt die Natur und vereint sich mit dem Menschen, der in ihr schwimmt.

Schweigen. Später sagt der Mann: »Die Sterne standen für Rußlands Schicksal noch nie so günstig wie heute.« Und die Frau zeigt mir Fotos ihrer Schüler. »Ich sage den Eltern immer wieder: malt mit ihnen, singt Lieder mit ihnen, hört zusammen Konzerte – gebt ihnen täglich das Gefühl der Liebe, sonst werdet ihr sie nicht vor Drogen und Kriminalität bewahren.«

Die Kinder auf den Fotos haben freundliche, gute Augen. Und betende Hände. Zwischen ihnen sitzen junge Frauen mit weiß bemalten Gesichtern und ein hemdsärmliger Gitarrespieler. Diese Leute kenne ich, es sind Evangelisten aus den USA, die in Kaluga eine Woche lang sangen und beteten und predigten. Ich bin den amerikanischen »Priestern« (so nannte man sie hier) im Gefängnis begegnet, in einem russichen Gefängnis, in dem 230 Jungen zwischen 14 und 18 Jahren inhaftiert sind.

Bis heute weiß ich nicht, wem ich es verdanke, daß ich dort hineingelassen wurde. Alexander Paschin, Fotokorrespondent der »Snamja«, hatte mir gesagt, daß die Priester im Gefängnis beten würden, er fotografieren dürfe, und ich war ihm einfach hinterhergelaufen. Kurzes Palaver an der Wache, und die Eisengitter wurden für uns hochgezogen. Sowohl der Steinfußboden des Flures als auch der hölzerne im Besuchszimmer, in dem sich grobe Schemel gegenüberstehen, ist blitzblank.

Ein Drei-Sterne-Offizier der Miliz führt mich durchs Gefängnis. Die 1971 errichteten Gebäude, die sich von umliegenden Neubaublocks nur durch die vergitterten Fenster unterscheiden, sind im Viereck um den Appellplatz gruppiert. Vor jedem Trakt befindet sich noch eine Schließwache, in der alte Frauen sitzen. Die Unterkünfte der Gefangenen ähneln denen, die ich aus den Kasernen der sowjetischen Soldaten kenne: In einem Schlafraum stehen 10 bis 12 Doppelstockbetten. Im Aufenthaltsraum kommunistische Propagandahefte, Brettspiele und selbstgebaute Möbel. Im Flur mit den Unterrichtsräumen für die Berufsausbildung riecht es penetrant nach Urin. Stolz zeigt man mir das Computerzimmer mit 12 Kleincomputern. »Die Jungen sollen hier für das Leben draußen lernen!« Das Leben draußen! Wie eine Drohung hört es sich an. Hier drin hängen die Bilder und Karten vom sozialistischen, friedlich vereinten Vielvölkerstaat Sowjetunion. Lenins Porträt, kämpferische kommunistische Losungen, rotes Fahnentuch neben der Tafel der »Besten Häftlinge im sozialistischen Wettbewerb«. Konservierung hinter Gefängnismauern. (Jelzin wird Revisoren schicken müssen, die sein Bild hier gegen Lenin und Gorbatschow austauschen.)

Dann zeigt man mir das Kalugaer Heimatmuseum en miniature: das Traditionszimmer des Gefängnisses. Und die

Leiterin reicht mir ein dickes rotes Buch. Ich lese zweimal, ja, es ist das GÄSTEBUCH DES GEFÄNGNISSES. Sie sagt: »Ich bitte Sie um eine Eintragung ins Gästebuch unseres Gefängnisses!« Ich schäme mich noch jetzt dafür, aber wann werde ich noch einmal ein sowjetisches Gefängnis von innen sehen? Ich nehme den gezückten Stift und schreibe: »Mögen Sie hier die Jungen nur in körperlicher und nicht auch in geistiger Gefangenschaft halten müssen.«

In einem turnhallengroßen Saal, in dem auf die Heizungsrohre silberner Folienschmuck gehängt wurde, sehe ich dann auch die Häftlinge. Sie sitzen auf akkurat nebeneinanderstehenden Bankreihen. Graue, uniformierte Wattejacken – ein ordentlich auf Abstand formierter grauer Block. (Weshalb muß ich an die Blöcke beim Sportfest in Leipzig denken?) Sie tragen Filzstiefel oder hohe Schuhe. Die »amerikanischen Priester und Priesterinnen«, die kaum älter als die Häftlinge sind und vorn auf der provisorischen Bühne Keyboard und Elektrogitarren stimmen, tragen Jeans und Turnschuhe. Einer der Evangelisten verkündet, daß er selbst in einem amerikanischen Gefängnis gesessen hätte, aber nun würde ihn Jesus Christus auf allen Wegen vor allen Versuchungen bewahren. Da heben nur wenige ihre Köpfe aus der grauen Masse. Als die Evangelisten ihre Songs singen, schauen die meisten aus der grauen Masse nach vorn. Als die schlanken Frauen dann ihre Körper in Pantomimetänzen (gegen die Versuchungen Alkohol, Nikotin, Sex und Drogen) verbiegen, recken alle aus der grauen Masse ihre Köpfe.

Ich müßte wenigstens mit einem von ihnen sprechen können, denke ich und gucke mir einen aus. Links in der letzten Reihe, ein strohblonder Junge, er hat längere Haare als die meisten anderen.

Die amerikanischen Evangelisten fordern die russischen Gefangenen auf, nun mit ihnen zu singen, zu beten und zu klatschen. Zur Unterstützung haben sie sich Evangelisten des neu gegründeten Christlichen Zentrums von Kaluga mitgebracht, zumeist Studentinnen. Sie stehen an der Rückwand der Turnhalle und singen und klatschen und geben Zeichen zurück an die Evangelisten vorn auf der Bühne.

Zwischen den mit Händen und Stimmen für Christus agitierenden Evangelisten vorn und denen hinten sitzt die graue Masse der Gefangenen. Und je lauter man singt und klatscht und sie zum Mittun auffordert, um so tiefer senken sie ihre kurzgeschorenen Köpfe. So ähnlich stelle ich mir die Agitationseinsätze der Komsomolzen 1920 auf den russischen Dörfern vor. Aber sie konnten damals die graue Masse begeistern.

Der Gitarrenspieler: »Wer von euch an Jesus glaubt, der stehe auf und bete nun mit uns.« Nach und nach erhebt sich ein Drittel. » . . . und gib uns unser täglich Brot!« Danach verkündet der Amerikaner: »Alle, die jetzt hier stehen und mit uns gebetet haben, erhalten das Wort Gottes, die Bibel, geschenkt.« Da stehen auch die übrigen auf, auch mein Strohblonder in der letzten Reihe. Das neue Testament in russisch, bunter Paperbackeinband, gedruckt 1991 in Stockholm, wird verteilt. Nun recken und strecken sich die Hände. Unkontrollierte Auflösung, und danach befehlen die Kommandeure das kontrollierte Antreten zum Abmarsch.

Ich frage den Drei-Sterne-Natschalnik, ob ich mit einem Gefangenen, – »dem Strohblonden dort« – sprechen darf. Der Offizier nickt, aber setzt sich zu uns.

Wie lange bist du schon hier?

Ein und ein halbes Jahr.

Und wie lange hat du noch vor dir?

Siebzehn Tage. Wie heißt du, und woher kommst du?

Oleg Kornkin, 17 Jahre alt, aus dem Gebiet Brjansk.

Weshalb wurdest du verurteilt?

Ich habe mit meinen Freunden zusammen mehrmals Mottorräder gestohlen.

Wer wartet zu Hause auf dich?

Vor allem meine Mutter und meine Geschwister.

Dein Vater nicht? (Er schweigt.)

Als was arbeitet deine Mutter?

Sie ist Dispatcherin in einem Krankenhaus, aber vielleicht hat man sie inzwischen wegen mir versetzt.

Wie oft bekamst du Besuch?

Wir durften einmal in zwei Monaten Besuch empfangen, aber manchmal erhielt die Mutter keine Fahrkarte.

Als was wirst du draußen arbeiten?

Man hat mir hier das Autofahren beigebracht.

Wird das Geld, das du als Chaffeur verdienst, zum Leben reichen?

Ich weiß nicht, wieviel das Leben jetzt dort draußen kostet.

Und wenn das Geld nicht reicht?

Dann werden mir meine Freunde helfen.

Die, mit denen du die Motorräder gestohlen hast?

Ja, irgendwie werden wir uns immer durchschlagen.

Glaubst du an Gott und seine Barmherzigkeit?

Nein, ich glaube nicht an Gott, ich glaube nur an meine Mutter, an meine Freunde und an das Geld, das man braucht, um gut leben zu können.

Ljudmilla, der blondgefärbte Moldawierin, haben die Evangelisten aus den USA nicht gefallen. »Sie sind zu fanatisch, sie akzeptieren keine andere Meinung über Gott als die eigene. Unser russisch-orthodoxer Glaube dagegen ist umfassender – der russische Bauer sieht Gott im blühenden Baum, der Maler findet Gott in einer schönen Frau, die Kinder finden Gott in den Händen der Mutter. Gott ist für uns überall, so wie die Liebe. Nur die Liebe und die Wohltätigkeit werden Rußland genesen lassen.«

Und ihr Mann, der Astrologe, bestätigt, daß Rußland das erste Land sein wird, das aus der Krisis dieser Welt aufersteht. Monatelang habe er den Computer mit astrologischen Daten programmiert. »Immer wieder kam ich zu dem Ergebnis, daß Rußland in kürzester Zeit das Japan der 70er Jahre werden wird.« Diese Behauptung, allerdings nicht astrologisch, sondern politisch-ökonomisch prognostiziert, habe ich wenige Tage zuvor schon einmal von einem 61jährigen Amerikaner gehört, einem Amerikaner, der in Kaluga geboren wurde. Vor 13 Jahren emigrierte er als international bekannter Wissenschaftler nach den USA.

Heute steht auf seiner Visitenkarte: Victor Schastliwy. Exec. Vice-pres. International Trade Agency, Washington.

Er überreicht mir die Karte in Kaluga, wo er seine »nun schon an die 40 Verwandten« besuchte. Schastliwys Vater war Offizier der zaristischen Leibwache. 1929, als die Mutter mit Victor schwanger ging, erschoß die Tscheka den Vater und den ersten Sohn. 1937 heiratete die Mutter einen Händler aus Kaluga. Victor studierte Metallurgie, sah als Praktikant die Lager Stalins in Sibirien, heiratete später die Generalstochter vom Chef der sowjetischen Aufklärung, sah bei ihr zu Hause die Privilegien der neuen Mächtigen, konnte seine Bücher im Westen verlegen, opponierte gegen die sozialistische Staatsideologie. 1978 erhielt er die Ausreise. Als Geologe war er für die mächtigsten amerikanischen Familie unterwegs, zwei Jahre auch Taxifahrer, um die einfachen Amerikaner kennenzulernen. Nun sei er reich an Geld und Wissen.

Am Abend, als wir uns trafen, brachte seine Frau drei Kannen Tee für uns. »Wissen Sie, die Menschen in Rußland sind müde und kaputt vom grauen Kollektivismus. Aber die Menschen in den USA sind schon kaputt vom bunten Individualismus. Es gibt nämlich nur noch eine wirkliche Farbe dort, die einzige Mentalität der Amerikaner: Geld, Geld, Geld. Wir Russen dagegen haben uns die Mentalität der Barmherzigkeit, der Wohltätigkeit, der Hilfe untereinander, die Zusammengehörigkeit bewahrt. Außerdem hat unser Land den Vorteil, daß wir, genau wie die Deutschen und die Japaner damals nach dem Krieg, durch unsere heutige schändliche Niederlage so sehr als Nation beleidigt worden sind, daß unsere Kräfte wachsen müssen. Und die Ökonomie: In wenigen Jahren wird sich die Welt in zwei Blöcke spalten, auf der einen Seite die USA und England, auf der anderen Seite Japan und Deutschland. Daraus wird Rußland seinen Vorteil ziehen können, denn wir haben Rohstoffe, einen nicht zu sättigenden Markt, Platz für Millionen Einwanderer. Und wir werden nicht den amerikanischen Kapitalismus nachahmen, in dem die Menschen hilflos sind, weil sie keinen Glauben haben. Wir werden einen russischen Kapitalismus machen, einen Staat, in dem kluge Menschen kluge Arbeiten verrichten, die weniger klugen Menschen einfachere Arbeiten, aber alle zusammen Brüder sind.«

Schastliwy heißt auf deutsch »der Glückliche«. Sobald es für Ausländer möglich sei, werde er sich hier in Kaluga Grund und Boden kaufen, ein Haus bauen und wieder in Rußland leben. »In Amerika war ich nur auf Dienstreise. Ich bin immer ein Russe geblieben. Auch wenn meine Frau ächzt und stöhnt, sie kauft auch in den USA keines dieser Fertiggerichte, sondern rote Bete und kocht für uns Borschtsch. Ich werde nur mein Geld mitbringen müssen, alles andere hatte ich sowieso hiergelassen: meine russische Seele und meinen Gott.«

Ljudmilla fragt, ob wir Bach hören wollen. Gestern abend hätte sie Bach gespielt, sehr lange. Und heute morgen sei der Himmel hell gewesen, blau und strahlend für eine Stunde. Die Musik von Bach öffne den Himmel. Sie setzt sich an das Klavier und alle, auch die kleine Mascha, lauschen. Die blonde Frau spielt weich, mit fließenden, fast beschwörenden Handbewegungen, so, als wolle sie die Töne, ohne die Tasten zu berühren, herauslocken. Dann »Ave Maria«. Und dann spielt die 14jährige Tochter eigene Variationen. Danach eine lange Stille im Zimmer.

Beim Abschied frage ich, ob ich aus Deutschland etwas mitbringen soll. Ja, Noten, sagt sie. Schubert und Tschaikowski. Und dann, leise und verschämt: »Und etwas von diesem Pulver, diesem himmlischen Puddingpulver. Ich esse Pudding für mein Leben gern.« Sie schenkt mir das Bildnis des Heiligen Serafim. »Schon seine Augen können Hoffnung machen«, sagt sie. »Man muß nur daran glauben.«

Als ich am Morgen aufwache, schaue ich zum Himmel. Er ist wolkengrau. Aber das Holzhaus ist von einem süßlichen Geruch der Geborgenheit erfüllt. Die Babuschka war schon im Geschäft gewesen. Sie hat drei Liter Milch erstanden und sie in einem großen Topf abgekocht. Nun ist es warm und riecht mütterlich in unserem Holzhaus.

Die Nacht auf Kohlen

ODER: »Nur mit zwei Gesichtern kann man überleben«

Freitag früh würde ich Saratow erreichen. Eine Nacht und einen Tag mit dem Zug bis Kasan. Und von dort mit einem anderen Zug noch eine lange Nacht bis hinunter nach Saratow. So hatte ich es mir ausgerechnet, als mir Viktor Weitz, der Chefredakteur der deutschsprachigen Zeitung »Neues Leben« in Moskau, sagte: »Ankunft in Saratow ungefähr um sieben Uhr.« Von dort aus würde ich nur noch über die drei Kilometer lange Wolgabrücke laufen müssen und in Engels sein: in Engels, der alten Hauptstadt der 1941 auf Stalins Befehl liquidierten »Autonomen Sozialistischen Sowjetrepublik der Wolgadeutschen«.

Ich bilde mir ein, daß ich gut ausgerüstet bin für diese lange Reise. In meiner Tasche habe ich Brot, Zwiebeln, gekochte Hühner, Eier, Knoblauch, Messer, Tee, Zucker, Gläser und Pellkartoffeln verstaut. Und in meinem Notizbuch stehen die wichtigsten Informationen über die Wolgadeutschen: Nach 1763 kamen sie auf Einladung der Zarin Katharina II., um in Rußland kaum besiedelte Gebiete zu erschließen, erhielten dafür Religionsfreiheit, Selbstverwaltung, zinslose Darlehen . . . 1989 zählte man noch 2 038 603 Deutsche in der Sojus, rund 400 000 waren in den 30 Jahren zuvor schon nach Deutschland ausgewandert. Ihrer Anzahl nach stehen die Deutschen an 14. Stelle unter den Völkern der ehemaligen Sowjetunion. Jelzin unterstützt – so redete er beim Staatsbesuch in Bonn – die Wiederherstellung der Wolgadeutschen Republik.

Das sind die sicheren Fakten. Aber bereits beim Kurzbesuch in der Zeitungsredaktion »Neues Leben« (sie ist die einzige Zeitung der Deutschen) begann ich zumindest an meiner guten geistigen »Ausrüstung« zu zweifeln. Wahrscheinlich war sie veraltet, denn der Chefredakteur bereitete gerade eine Notstandssitzung vor. Weder der Nationalitätensowjet noch die Regierung unterstützen wie früher die Zeitung der deutschen Minderheit, neuerdings weigert sich sogar der zentrale Zeitungsvertrieb »Sojus Petschatii« die 53 000 Exemplare zu transportieren und an die Abonnenten zu verteilen. Und seitdem Jelzin die versprochene Wiederherstellung der Wolgadeutschen Republik (früher 20 000 Quadratkilometer) auf 6000 Quadratkilometer vergiftetes Raketenversuchsgelände (auf dem auch die SS 20 vernichtet wurde) beschränkt, sieht Victor Weitz darin einen Versuch der neuen Macht, die letzten Reste nationaler Identität der Deutschen in Rußland zu beseitigen . . .

Von Moskau bis nach Kasan friere ich. Der Waggon ist fast ungeheizt, draußen sind minus 15 Grad. Wir sind pünktlich in Kasan. Dort ist der Zug nach Saratow warm, aber mein Waggon ohne Licht. Vielleicht wird es bei der Abfahrt eingeschaltet.

Abfahrt. Der damals 90jährige, inzwischen gestorbene wolgadeutsche Dichter Dominik Hollmann hatte mir vor zwei Jahren erzählt, wie sie 1941 im August aus Engels abgefahren waren, damals, als Stalin sie alle in die Verbannung bringen ließ. »Ich war Lehrer an der deutschen Pädagogischen Hochschule in Engels. Meine Frau und ich versuchten, für uns und die vier Kinder das Nötigste mitzunehmen. Meine Bücher mußte ich zurücklassen, nur einen Duden steckte ich ein. Dazu Nahrungsmittel für 14 Tage. Und Winterkleidung. Die Leute sagten, daß in Sibirien – es war für uns das Land, wo man Mörder und andere Schwerverbrecher interniert hatte – bis 60 Grad Frost herrschen würden.

Die Fahrt dauerte 14 Tage und endete in Krasnojarsk. Wir hatten die halbe Welt gesehen. Aber es war die schrecklichste Reise, die ich je gemacht hatte. Alte Menschen und Kinder starben in den Waggons. Bei den kurzen Aufenthalten auf den Bahnhöfen hatten wir kaum Zeit, die Toten zu verscharren. Manche mußten wir nachts aus dem fahrenden Zug schmeißen. Eine Frau, deren Baby gestorben war, weigerte sich, das tote Kind herzugeben. Sie sprang, als wir über eine Brücke fuhren, mit dem toten Kind im Arm in den Fluß.

Den ersten Winter verbrachten wir in einem sibirischen Dorf in der Nähe von Krasnojarsk. Wir wurden von den Russen dort ohne Feindseligkeiten aufgenommen. Erst allmählich sprach es sich herum, daß wir Nemzy, Deutsche, Fritzen waren, die wie Russen aussahen und wie Russen sprachen. Die Feindseligkeiten begannen, als die russischen Männer des Dorfes nicht mehr von der Front zu ihren Familien zurückkamen. Wenn der Briefträger im Dorf die Todesnachrichten austrug, wollten wir uns vor Scham in der Erde verkriechen. Und die Russen begannen, uns anzuspukken, mit Steinen zu beschmeißen, unsere Hütten anzuzünden, und die Kinder riefen, wenn sie uns sahen: Faschisten!

Später brachte man uns weiter hinauf in die unendlichen Fernen des Nordens, in die Republik der Komi. Tausende Kilometer gibt es dort nur Schnee und Wald und am Jenissej einige Hütten von Holzfällern und Jägern. Meine Frau war damals schon schwerkrank. Sie mußte mit den vier Kindern in einer Erdhütte vegetieren. Ich wurde im Januar 1942 zur Arbeitsarmee geschickt. Ich mußte Holz fällen. In dünnen Lumpen bei eisiger Kälte in den Wald hinaus. Und nur wer die Norm schaffte, erhielt Brot und Wassersuppe. Wer zu schwach war und lediglich die halbe Norm erfüllte, bekam auch nur die Hälfte des Brotes und die Hälfte der Wassersuppe. Er wurde immer schwächer, erreichte nur noch ein Viertel seiner Norm. Da bekam er nur noch ein Viertel des Brotes und ein Viertel der Wassersuppe. So starben die meisten.

Aber nicht einmal in dieser allerschrecklichsten Zeit ist mir der Gedanke gekommen, auf den Sieg der Deutschen zu warten, zu hoffen, daß sie uns, ihre Landsleute, befreien. Wir waren Sowjetbürger, und wir haben nie die Hoffnung aufgegeben!

Meine Familie überlebte. Der Krieg endete mit unserem Sieg. Aber unser Jubel wurde immer leiser, bis er völlig verstummte. 1946 sagte uns der Kommandant in unserem Dorf: ‚Ab sofort seid ihr wie alle anderen von der Wolga verbannten deutschen Verbrecher für immer und ewig Verbannte. Ihr müßt sofort eure Kisten und Koffer verbrennen!' Die Angst wurde unser Wächter . . . «

Der Zug ist einer der schlechtesten, mit denen ich je in der Sojus unterwegs war. Zwar geht das Licht irgendwo hinter Kasan doch noch an, aber in dem Waggon der billigsten Klasse liegen die Menschen in allen Ecken und Enden; kein Platz unter der Decke und neben dem Fenster, der nicht in eine Koje verwandelt worden ist.

Neben mir eine zierliche blonde junge Frau, die versucht, sich an ungelenken Strickbewegungen zu üben, und über mir ein auf den ersten Blick bärbeißiger Mann, der wortlos und böse vor sich hinstarrt. Dann jedoch beginnt er, seinen Rucksack auszupacken, legt Brot, Zwiebeln, Speck, Knoblauch und Wurst auf den Klapptisch, stellt Wodka daneben und lädt die blonde Frau und mich zum Essen ein. Sie holt zwei Eier, Kekse und Äpfel aus ihrer Tasche. Ich stapele meine Vorräte dazu, verteile Teekrümel in die Gläser, hole kochendes Wasser am Samowar. Erst danach machen wir uns miteinander bekannt. Sie, Swetlana Ofetkina, ist Studentin am Musikkonservatorium von Wolgograd, möchte Dirigentin werden. (So sieht ihr Stricken auch aus.) Er, Jura, arbeitet als Forstingenieur in der Nähe von Omsk. Sie schweigt, erzählt lediglich, daß sie im Kirchenchor singt. Er dagegen berichtet von seinem Weg nach Hause. Nur mit dem Hubschrauber könne er sein Dorf erreichen. Geschichten, wie er Bären jagt, Fische fängt. Und 3000 Kilometer Holz könnte er verkaufen und drei Tonnen getrocknete Pilze, die hätten seine Mitarbeiter im vergangenen Jahr gesammelt.

Überall sitzen nun die zuvor noch unbekannten Menschen zusammen und essen und trinken und reden. Lange nach Mitternacht, als die meisten schon schlafen, suche ich die Toilette am Waggonende. Mühsam, immerzu mit dem Kopf an nackte Beine oder herabhängende Arme stoßend, drängle ich mich durch die Schlafenden. Schweißgeruch und dann endlich der Kohlengasatem des noch brennenden Samowars. Die Schaffnerin, eine mürrische Frau um die Fünfzig, kehrt mit einem Rutenbesen den Gang. Die Toilette ist geschlossen. Ich versuche, in den nächsten Waggon zu klettern. Aber der Frost hat die Übergänge, die sehr steilen Bogenbrücken ähneln, derart vereist, daß ich Minuten brauche, um hinüberzukommen. Auch dort ist die Toilette zu. Ich muß so dringend, daß ich auf dem Rückweg über die Bogenbrücke durch einen der vielen Risse im ziehharmonikaähnlichen Verbindungsbalg pinkle. Der Zug hält. Durch einen Ritz sehe ich das Stationsschild »Uljanowsk« – Lenins Geburstort! O Himmel, was bin ich für ein Gotteslästerer geworden.

Die Waggonschaffnerin wedelt immer noch mit dem Besen. Ich frage, wann genau wir am Morgen in Saratow sein werden. »Am Morgen überhaupt nicht, abends!« Ich streite, in Moskau hätte man mir gesagt, um sieben Uhr sei ich in Saratow! »Ja, ja – um sieben Uhr abends!«

Sprachlos lege ich mich auf meine Koje. Was soll ich am Freitagabend in Saratow und Engels? Niemanden werde ich noch antreffen, keinen der russischen Bürokraten, die gegen die Autonomie sind, und wahrscheinlich wird auch das Büro der wolgadeutschen Vereinigung »Wiedergeburt« schon geschlossen haben. Freitagabend – so ein langsamer Zug!

Am Morgen weckt mich das langgezogene Hupen unserer Lokomotive, das wie die Sirene eines weit entfernten Schiffes tönt. Im Waggon riecht es nach süßlichem Desinfektionsmittel und dem Rauch von Heizung und Samowar. Schlangestehen vor der Toilette. Die Schaffnerin, sie hat Gummihandschuhe angezogen, schüttet immer wieder Eimer mit Wasser in diese enge Buchte, schrubbt fluchend den Boden. Das Klobecken hat keine Brille, dafür zwei Fußtritte. Ich bewundere die Frauen, die sich ungekämmt und ungeschminkt in ihren Trainingsanzügen hineindrängeln und es zwischen rostigen Rohren, Haufen von benutztem Papier, Lachen von Wischwasser, Gummihandschuhen, Eimern und Schrubbern schaffen, daß sie frisch frisiert, geschminkt und in engen Röcken wieder herauskommen.

Swetlana strickt schon wieder, der Forstmann serviert die Reste der Nacht, und ich spendiere wieder Tee, hole heißes Wasser vom Samowar. Die Waggonschaffnerin schürt die Glut der Ofenheizung. Sieht mich am Samowar und fragt unvermittelt: »Haben Sie Bonbons zum Tee für mich?« Ich schüttele den Kopf. Sie glaubt es nicht. »Sie kommen doch aus Deutschland, und die Deutschen dort haben alle Bonbons zum Tee.« . . . Das Frühstück ist für mich nicht mehr so unbeschwert wie das Nachtessen, denn mich plagt die Ungewißheit, wie ich, am Freitagabend ankommend, am Wochenende noch seriöse Informationen über die Probleme der Wolgadeutschen auftreiben kann . . .

Ich frage Swetlana und Jura, wie sie über ein autonomes Gebiet für die Wolgadeutschen denken. Die Studentin des Wolgograder Konsservatoriumss sagt: »Ich liebe die Musik der Deutschen. Wenn ich Bach höre, muß ich weinen.« Aber hier sei Rußland, weshalb also ein eigenes Land für die Deutschen? Jura, der Forstmann, kennt die Wolgadeutschen, die noch rund um Omsk in ihren Verbannungsorten leben. »Sie haben dort den Wald gerodet, schöne Häuser errichtet, Musterfarmen für Pelztiere aufgebaut. Alles, was Russen nicht geschafft haben, das schafften die Deutschen! Und nun – wer würde künftig Neuland gewinnen, saubere Dörfer bauen, Musterfarmen entwicklen, wenn die Deutschen weggehen und alle wieder an die Wolga ziehen? Nein, solch gute Arbeiter läßt man nicht weggehen, egal ob in Sibirien oder Kasachstan!« Er polkt die letzten Krumen des Schwarzbrotes vom Tisch, beißt herzhaft in eine Zwiebel und sagt dann nachdenklich: »Eine Ausnahme mit den Deutschen würde ich allerdings machen. Mal angenommen, einige aus der Omsker Umgebung würden in unser Dorf ziehen und eine kleine Fabrik bauen, in der wir unsere Trockenpilze zu Beutelsuppen verarbeiten können. Also in dem Falle wäre ich einverstanden, daß sie ihre eigene deutsche Schule und eine deutsche Bibliothek bekommen.« Ich frage: »Habt ihr wirklich drei Tonnen Pilze getrocknet?« »Ja«, sagt er, »drei Tonnen!«

Die Schaffnerin unterbricht unser Frühstück, erklärt mir umständlich, daß ich von meiner Koje aufstehen muß, räumt dann das Bettzeug zur Seite. Ich verstehe nur »Ugol – Kohle!« Sie hebt die Koje hoch, und ich traue meinen Augen nicht: Der »Bettkasten« ist gefüllt mit Kohlendreck. Wanzen, Schaben und anderes Ungeziefer flüchten vor dem Licht. Fluchend sucht die Schaffnerin aus dem Dreck die besten Stücke, schmeißt sie in die Eimer, murmelt dabei: »Was ist das noch für ein Leben!« Früher hätte man gute Steinkohle bekommen, heute dagegen diesen Dreck. Wie sollte man damit heizen? Manchmal würde sie vom eigenen Geld bessere Kohlen kaufen, damit der Waggon warm würde, denn wenn es hier kalt sei, dann drohe der kontrollierende Oberzugschaffner mit einer Anzeige, und die könne man nur abwenden, indem man ihm ein Schweigegeld zahle. »So oder so! Ein Leben ist das geworden in diesem Land!«

Sie zeigt mit ihren kohleschwarzen Händen auf die Fächer unter der Decke, in denen sie das restliche Bettzeug in Bündeln verstaut hat. »Die Mäuse schlafen dazwischen, aber

Mäusegift gibt es keines mehr. Nein, das ist kein Leben für einen ordentlichen Zugschaffner.« Sie schließt meine Kohlenkasten-Klappkoje und fragt noch einmal: »Haben Sie wirklich keine Bonbons für den Tee? Was sind Sie bloß für ein Deutscher?«

Ich gehe durch den Waggon und frage die Leute, wie sie über die Autonomie für die Deutschen denken. Und die Russen, die, so kenne ich das, bedächtig antworten, drumherum reden, die schmeißen mir einfach Sätze an den Kopf. »Die Steppe hat genug Platz, dort sollen sie hingehen, die Deutschen – aber uns in Frieden lassen.«

»Die Deutschen haben dem sowjetischen Volk nur Unglück gebracht, weshalb sollten sie uns was Gutes bringen?«

»Sie sollten dorthin zurückgehen, wo sie früher hergekommen sind: nach Deutschland!«

Unsere Schaffnerin tobt durch den Gang, verjagt mit dem Besen zwei Zigeunerkinder, die mit ihrer Mutter, nach Zigaretten bettelnd, im Waggon umherlaufen. Ihr Gesicht ist krebsrot, sie schreit: »Elendes Pack! Diebesgesindel. Einsperren sollte man euch!«

Ich frage weiter nach den Wolgadeutschen, und eine alte Frau im geblümten Kopftuch unterbricht die anderen, sagt, sie sollten gefälligst ruhig sein, ihre Weisheiten hätten sie doch nur aus den Zeitungen und von den alten Parteidemagogen, die nun hier um ihre Posten fürchten. »Aber ich stamme aus Marxstadt, aus der alten Wolgarepublik, bin eine Deutsche. Wißt ihr, wie man sich fühlt, wenn unser Stadtsowjet, wie kürzlich geschehen, die Autonomie der Deutschen berät und die Diskussion über Lautsprecher in der ganzen Stadt übertragen läßt und wenn man dann hört, wie die Deputierten die Einwohner aufrufen, die Brücken zu sprengen, die Straßen aufzureißen und die Bojen im Fluß zu zerstören, damit die Deutschen nicht einmarschieren können . . .

Schweigen.

Dann die Schaffnerin: »Mein Bruder hatte Glück, seine Frau ist eine Wolgadeutsche. Im vorigen Jahr hat er sein Haus in Kamyschin verkauft und ist mit der ganzen Familie nach Deutschland ausgewandert. Und zu Weihnachten hat er mir schon ein Paket schicken können, ein Paket, in dem sogar viele Bonbons für den Tee waren . . . So reich ist er nun schon, dort in Deutschland.«

Swetlana, die stille, hat ihr Strickzeug weggelegt und sagt plötzlich: »Ich bin leider nur ein reinrassig russischer Mensch. Und ob ich einmal einen deutschen Mann finde?« Aber die Musik, frage ich, die Musik, das wird das wichtigste im Leben sein? Sie sagt: »Werde ich davon in diesem Land leben können?«

Jura, der Waldmensch, der alles praktisch sieht: »Genau darum geht es doch. Die wolgadeutschen Russen dürfen aus diesem Land weg, nach Deutschland auswandern. Aber wir anderen Russen, auch wir wollen besser leben. Und was soll dieses ganze dumme Gerede der Wolgadeutschen, daß sie ihr Deutschtum nicht verlieren wollen, deshalb zurück müssen. Ums Ökonomische geht's, nur darum. Die sprechen kein Wort Deutsch mehr, wissen kaum, wer Goethe war. Das ist so, als ob die Nachfahren einer Spielmaus, die vor 300 Jahren mal im goldenen Käfig eines Bojaren gelebt hat und danach im Feld und Wald wie andere Mäuse lebte, behauptet, daß sie eigentlich Spielmäuse wären und ein Recht hätten, in den goldenen Käfig des Bojaren zurückzukehren.«

Die nächste halbe Stunde unterhält die Schaffnerin den Waggon. Sie schreit und rennt und zerrt die Zigeuner von einer Ecke in die andere. Droht, die Miliz zu holen. Angeblich hat sie gesehen, wie die Zigeunerin zwei Bettlaken stehlen wollte. Völlig erschöpft setzt sie sich später zu uns. Ja, sie sei dafür, daß die Deutschen hier ihre eigene Republik gründen. »Dann wird endich wieder Ordnung im

Land sein!« Später sagt sie sehr leise, als spräche sie mit sich selbst: »Aber vielleicht kann mein Bruder mich auch nach Deutschland holen. Gibt es in Deutschland auch Zugschaffner?«

»Ja«, sage ich, »aber nur ein oder zwei für einen Zug. Und außerdem . . . Wir haben keine Samoware in den Waggons.« Keine Samoware? Wie könnten die Leute im Zug denn ihren Tee trinken?

Ich frage, ob ich ein Erinnerungsfoto von ihr machen darf. Sie nickt und setzt die Dienstmütze auf. Bittet, daß ich ihr ein Foto schicke, sie wolle es dem Bruder schenken. Sorgfältig schreibt sie ihre Adresse: »Vera Samatlowa, Kamyschin, 5. Mikrorayon, Haus 39A, Quartier 48.«

Auf dem Bahnhof in Saratow übergibt sie die Zigeuner der Miliz. Auf mich wartet niemand. Ich drücke mich in den großen Hallen herum. Am Buffet gibt es Kwas. Im Videosalon den deutschen »Schulmädchenreport«. Mir hilft die Telefonnummer des Vorsitzenden der »Gesellschaft zum Kampf gegen Alkoholismus im Gebiet Saratow«. Ihn hatte ich 1989 besucht. Er ist zu Hause, ich bin (wie sollte es bei den Russen anders sein?) willkommen. Umarmung. Und lachend erinnern wir uns der ersten Begegnung. Ich hatte mit einer Flasche deutschen Wodkas, im Volksmund »Blauer Würger« genannt, an der Tür gestanden, und er hatte sich mir als Wladimir Titajew, »Vorsteher aller Saratower Antialkoholiker«, vorgestellt. Später zeigt er mir seine selbst verfaßte Broschüre zum »Kampf gegen die Trunksucht«, und noch später leerten wir den »Blauen Würger« und andere Flaschen gemeinsam bis zum bitteren Ende. Nun, das mit der Alkoholkampagne sei ja inzwischen, Jelzin sei Dank, zu Ende. »Ich unterrichte jetzt Verkaufsmanagement (auch für Alkoholhändler!).«

Es wird ein fröhlicher Abend. Nur meine ewigen Fragen nach der Wiederherstellung der Autonomen Republik der Wolgadeutschen stören Wladimir. Es sei doch alles klar,

Jelzin wäre vor zwei Wochen hier in Saratow und Engels gewesen und hätte seine Freunde, die alten russischen Parteinatschalniks, beruhigt: »Nur, wenn in einem Dorf oder einer Stadt mehr als 80 Prozent Deutsche leben, wird es eine deutsche Autonomie und Verwaltung erhalten.« Ich widerspreche, sage, daß Jelzin beim Staatsbesuch in Bonn völlig anders geredet hätte. Nun ja, winkt Wladimir ab, auch der hiesige Vorsitzende des Gebietssowjets, sonst ein Gegner der deutschen Autonomie, hätte vor der Abreise zu Wirtschaftsverhandlungen in der BRD die »Rechte der Wolgadeutschen« begrüßt. »Und mein eigener Bruder, der Direktor des einzigen und größten Fleisch- und Eierbetriebes in Saratow, wollte in Deutschland eine Kläranlage kaufen. Aber natürlich hat er dort zuerst über die Autonomie für die Wolgadeutschen gesprochen!«

Als ich mich entrüsten will, öffnet Wladimir eine neue Flasche Kognak, schenkt ein, legt mir den Arm väterlich auf die Schulter und sagt: »Stell dir vor, Jelzin hätte in Deutschland gesagt, eigentlich bin ich gegen eine neue deutsche Wolgarepubilk an der alten Stelle, aber ich brauche einige Milliarden für die Wirtschaft . . .

Wir haben unser ganzes Leben lang immer zwei Gesichter, zwei Meinungen gebraucht; eine offizielle und die persönliche. Nur mit zwei Gesichtern konnte man überleben. Das hat sich für uns Russen nicht geändert.«

Wir trinken schon Tee, aber ich sage immer noch wie ein kindlicher Trotzkopf: »Die Probleme der Wolgadeutschen, sie können nur gelöst werden, wenn sie ihre Heimat, aus der sie Stalin vertrieben hat, zurückbekommen.«

Wladimir: »Wir haben so viele Probleme in unserem Land, weshalb sollten wir ausgerechnet die der Deutschen sofort lösen?«

Der Tag der Pförtner

ODER: »Hier ware wir de Faschiste und blejbe de Faschiste«

Die Wolgabrücke aus Stahl und Beton verbindet über 2736 Meter die Städte Saratow und Engels. Heute sind es zwei sowjetische Städte, und bis zur Vertreibung der Wolgadeutschen im Jahre 1941 war Saratow das Zentrum des russischen Gebietes Saratow (das ist es heute noch), Engels jedoch die Hauptstadt der autonomen deutschen Republik an der Wolga. Ich will von Saratow aus nach Engels hinüberlaufen, doch als ich merke, daß außer mir niemand über diese Brücke geht und ich Hustenanfälle vom Gestank der Autogase bekomme, kehre ich schon nach 100 Metern wieder um.

Drei Autospuren, aber die mittlere ist frei, nur selten schert ein Fahrer aus und rast dort entlang (wehe, es kommt einer entgegen!). Ein Mann, der verwundert mein Experiment beobachtet hat, sagt mir, daß ein Bus nach Engels fährt. Aber wenn ich unbedingt laufen möchte, könnte ich über das Eis der Wolga spazieren. Doch ich traue dem kalten Frieden nicht, obwohl überall auf dem Fluß, wie schwarze Zecken im Fell eines Eisbären, bewegungslos Hunderte Menschen sitzen, Eisangler.

Ich frage den freundlichen Informanten, weshalb die Mittelspur der Brücke freigehalten und nicht zum Überholen genutzt wird. Das sei früher die Spur für die Parteichefs, die Miliz, den KGB, die Krankenautos, die Feuerwehr, die Funktionäre des Gebietssowjets und Kombinatsdirektoren gewesen. Inzwischen hätten Partei und KGB kein Recht mehr auf dieses Privileg, an ihrer Stelle würden heute die neuen Spekulanten auf dieser Spur fahren – zwar nicht offiziell, aber sie könnten die Strafe von 50 Rubel lächelnd bezahlen . . . Also, kurz gesagt, die Mittelspur sei die Spur der alten und neuen Obrigkeit! Es ist Sonnabend, und ich weiß, daß alle Büros geschlossen sind. Deshalb wollte ich auch einfach hinüberspazieren, in die ehemalige Republik der Wolgadeutschen, mit den »deutschen« Leuten sprechen (aber würde ich unter den 220 000 Einwohnern einen der 1 100 Deutschen finden?) und auf die Meinung der Gebietsobrigkeit verzichten.

Vielleicht sollte ich aber doch versuchen, mit einem der Natschalniks zu reden. Einen politischen Bereitschaftsdienst wie früher wird es vielleicht noch geben.

Ich gehe also nicht über die Brücke, sondern zurück in die Stadt bis zum prunkvoll-protzigen Gebäude des Gebietssowjets. Die russische Fahne hängt schlapp am Mast, die Tür ist verschlossen. Ich poche, und ein Mann mit runzligem Gesicht öffnet, fragt, was ich wolle. Ein Diensthabender für dringende Fälle sei hier, ob ich ein dringender Fall sei. »Ja«, sage ich, »ich bin ein Deutscher!« Und welches Problem? »Ich brauche einige Informationen, wie die Behörden von Saratow über die Rückkehr der Wolgadeutschen in ihre alte Republik denken.« Er kneift die Augen zusammen, sein runzliges Gesicht sieht nun nicht mehr väterlich gutmütig, sondern böse aus. Er kläfft mich an. »Scheren Sie sich zum Teufel!« Schiebt mich zur Tür, hält mich dort noch einen Moment fest und sagt: »Wissen Sie, ich habe den Krieg überlebt, bis Berlin bin ich gekommen, meine drei Brüder sind gefallen. Haben wir etwa dafür gelitten, daß man heute die Deutschen aus Sibirien und Mittelasien wieder hierherholt, damit sie das Land und die Posten besetzen?« Er sei nie für die Natschalniks, »diese jungen, schon dicken Bürokraten« gewesen, er zeigt mit dem Daumen nach oben, aber er sei ihnen dankbar. Sie hätten ihn gewarnt und klipp und klar gesagt: »Wenn du für die Autonomie bist, wird im nächsten Jahr ein Deutscher hier in deiner Pförtnerbude sitzen, und du kannst als Arbeitsloser betteln gehen.«

Ich sage: »Aber Saratow gehörte nicht zur alten deutschen Wolgarepublik, nur Engels.« Er winkt ab. »Wenn sie erst mal in Engels sind, werden die Deutschen auch hierher kommen. Das kennen wir.« Auf dem Fensterbrett liegen alte Flugblätter.

»Für D-Mark lassen wir uns nicht kaufen!
Ihr Deutschen behaltet euer Geld
und wir behalten unsere russische Erde!«

Ich fahre mit dem Bus über die Brücke nach Engels. Am Ende der Brücke steht ein überdimensionales Begrüßungsplakat: »Die UdSSR – ein Hort des Friedens«. Dahinter beginnt der Schmutz und das Grau von Engels. Die alten Häuser, manche in deutscher Fachwerkbauweise errichtet, zerfallen. Die Straßen bestehen aus notdürftig zugeschütteten Schlammkuhlen. An einigen früheren Geschäften, deren Fenster vernagelt sind, kann man mit Phantasie noch »Kolonialwaren« oder »Feine Konditoreiwaren« in deutscher Schrift entziffern. Sonst erinnert nichts mehr an die alte Hauptstadt der Wolgadeutschen, an die fünf deutschen Hochschulen, die elf technischen Schulen, Theater, Museen, Verlage . . . Ich frage Vorübergehende, ob sie deutscher Nationalität sind. Sie schütteln die Köpfe. Einer murmelt: »Die Deutschen liegen längst auf dem Friedhof. Und dort sollen sie bleiben.« Mir ist kalt. Ein anderer zeigt auf eine lange Schlange vor einem Geschäft: »Das dort machen die Deutschen.« Ich verstehe nicht, schaue mir die Leute vor dem Geschäft an. Sie schleppen Pakete mit Waschpulver heraus. Das Waschpulver heißt HENKO, und HENKO ist in deutschen Buchstaben geschrieben. Produziert in Engels.

Der Betrieb befindet sich an der von Schienen, Wärmeleitungen und Gräben zerschnittenen Peripherie von Engels. Im großen, warmen Pförtnerzimmer sitzen drei Männer und zwei Frauen, plaudern, trinken Tee. Zwei gehören zum Betrieb, sagt der am Guckloch, die anderen würden sich hier lediglich aufwärmen. Er bestätigt, daß der Betrieb »gutes deutsches Waschpulver« herstellt. Sie hätten seit einem Jahr Ingenieure und Leiter aus Deutschland im Betrieb. »Seitdem geht es aufwärts, die Deutschen verstehen ihr Fach.« Auch einige wolgadeutsche Arbeiter, die in den letzten Jahren nach Engels zurückgekommen wären, hätte man eingestellt. Ich frage, ob es Probleme zwischen Russen und Deutschen gäbe. Er verneint, und als ich konkret wissen will, ob man sich nicht wegen der geforderten neuen deutschen Autonomie in die Haare geraten würde, erläutert mir der Pförtner (»Ich bin ein Russe«) seine Lebensphilosophie: »Die kleinen Leute, die ordentlich arbeiten, haben keine Zeit und keine Lust, sich unnütz miteinander zu streiten. Nur die Müßiggänger brauchen den Nationalitätenstreit und den Haß, damit sie das Gefühl haben, überhaupt etwas zu tun. In unserem deutsch-russischen Betrieb hat auch keiner gestreikt, als in Saratow und Engels viele aus Protest gegen die geplante deutsche Autonomie an der Wolga die Arbeit niederlegten.«

Iwan Kusin, der jüngste der Teetrinker im Pförtnerzimmer von HENKO: »Wir haben einen ganzen Tag lang keinen Handschlag gemacht, um unseren Betrieb vor den Deutschen zu retten.« Der HENKO-Pförtner widerspricht: »So viele Deutsche werden nicht kommen, daß sie euch Maurern die Arbeit wegnehmen. Vielleicht wird euer Betriebsdirektor seinen Posten los, aber ihr – überleg doch, wenn hier einige tausend Wolgadeutsche übersiedeln, wie viele Häuser gebaut werden müssen.« Ich frage Iwan Kusin, wer den Streik im Betrieb organisiert hat. »Der Betriebsdirektor hat ihn angeordnet, und seine Mitarbeiter haben die Flugblätter verteilt.« Ich frage, ob es häufig geschieht, daß der Betriebsdirektor Streiks organisiert. Nein, das sei das erste Mal gewesen.

Ich bekomme einen Tee, dann verabschiede ich mich von den HENKO-Pförtnern. In der Innenstadt stehen ungefähr 100 Leute zusammen. Sie tragen alle die gleichen Plakate: »Und wo ist die Heimat der Russen?« »Kein Haus den deutschen Okkupanten!« In ihrer Mitte ein Galgen. Am Strick baumelt eine Strohpuppe mit der Aufschrift »Deutsche Wiedergeburt«. Ich fliehe vor dieser Wirklichkeit zur Wolga. Versuche schüchterne Schritte auf dem Eis. Es hält. Gütige Stille auf dem endlosen Eisband. Ich laufe zuerst immer dicht am Ufer entlang, wage mich dann bis zu den Eisfischern, die wortlos manchmal zwanzig oder fünfzig oder hundert Meter voneinander entfernt vor ihren winzigen Löchern hocken. Eingemummelt in dicke Pelze, Filzstiefel und Fell-Schapka ähneln sie bewegungslosen, geduldigen russischen Bären.

Mit selbstgebauten überdimensionalen Handbohrern, früher machte man das mit dem Beil, löchern sie das Eis und sitzen dann stundenlang auf selbstgebauten Klappstühlen davor. Im Gegensatz zu deutschen Flußanglern, die am liebsten jeden Spaziergänger ermorden würden, sind sie nicht wortlos, ja sogar froh über ein Plauderstündchen. Wodka zur Begrüßung.

Rote Nase, rote Backen – listige blaue Augen, Alexander Schuchow, beschäftigt in der Nudelfabrik. »Ab und zu nehme ich auch Nudelteig als Köder.« Gefangen hat er heute noch nichts. »Aber gestern, drei Stück, über einen halben Meter lang.« Nun, früher hätte man nur aus Freude geangelt, heutzutage jedoch . . . »Ich habe drei kleine Kinder und verdiene monatlich 845 Rubel. Das reicht für Kartoffeln, Brot und Milch – aber so ein halbmeterlanger Fisch, mal angenommen, ich würde wirklich einen fangen« (Augenzwinkern) »also der bringt auf dem Markt mindestens 600 Rubel, wenn nicht mehr.«

Später reden wir von den Wolgadeutschen. Alexander ist polowina – polowina, eine Hälfte Russe, andere Hälfte Kasache. Nein, er sei nicht gegen die neue Autonomie für die Deutschen an der Wolga. »Dagegen sind die alten Natschalniks, die um ihre Ämter bangen. Das können sie natürlich nicht ehrlich sagen, also hetzen sie das Volk auf.« Und Jelzin? »Ich habe ihn vor 14 Tagen persönlich gesehen. Er war in

Saratow und Engels, und ich stand vor dem Geschäft, an dem er seine Autokarawane stoppen ließ. Er stieg aus, die Leute in der Schlange gafften, aber sagten nichts. ‚Nun, was bedrückt euch?‘ ‚Die Preise, die hohen Preise’ sagten die Leute. Und einer rief: ‚Dabei gibt’s im Geschäft genausowenig zu kaufen wie zuvor, Towarischtsch – Genosse – Jelzin!‘ Da ging Jelzin, der gerade erst die Freigabe der Preise befohlen hatte, in den Laden. Der staatliche Geschäftsführer erschien eilfertig. Jelzin brüllte ihn an: ‚Weshalb sind die Preise so hoch, du Wucherer! Wenn du nicht sofort die Preise herabsetzt, werde ich dich herabsetzen und entlassen!‘ Das Volk jubelte und applaudierte Jelzin. Das gleiche geschah bei einer Kundgebung, als Jelzin vor die Russen trat und verkündete: ‚Beruhigt euch, liebe Landsleute! Es wird keine Stadt, kein Dorf an der Wolga eine deutsche Stadt oder ein deutsches Dorf werden, solange dort nicht 80 Prozent Deutsche leben!‘ Einer, der neben mir stand, grinste: ‚Und wenn die Wolgadeutschen wie die Karnickel hecken, das schaffen die nie!‘ Hier wird jetzt nicht mit Waffen, sondern mit Worten aufgerüstet.«

Ich wage mich noch weiter aufs Eis, frage die anderen Eisfischer, wie sie über die Autonomie für Wolgadeutsche denken. »Was sollten wir dagegen haben, es ist noch genug Platz auf dem Eis der Wolga.« »Unsere Feinde sind nicht die Deutschen, sondern die Fabriken, die ihre todbringenden Abwässer in den Fluß schütten.« Und einer rät mir das, was ich sowieso vorhatte (Aljoschas Vater Mischa ist zur Zeit bei seiner Mutter und seinen Verwandten im 200 Kilometer entfernten Petrowsk): »Wenn Sie wissen wollen, wie die Russen wirklich über die Wolgadeutschen denken, müssen Sie in die Randgebiete fahren, hier in Saratow und Engels ist der Haß schon zu sehr geschürt worden.«

Am Sonnabendnachmittag fahre ich also mit dem Bus in die kleine russische Stadt Petrowsk, an der Grenze zur alten Wolgarepublik. Ich suche lange, bis ich die Wohnung von

Mischas Mutter finde. Im Haus jedoch entdecke ich sie sofort, denn die Familienfeier zu Ehren von Mischa, dem ältesten Sohn, ist schon im lauten Gange. Der Gesang ist an der Haustür zu hören und wird nur durch mein Erscheinen unterbrochen. Mischa stellt mir seine Familie vor: Wowa, den jüngeren Bruder, er arbeite in einem Rüstungsbetrieb, Soja, seine Frau, sie arbeite hier in einem Rüstungsbetrieb. Seine Mutter . . . Er streichelt ihr liebevoll über das akkurat gebundene, dunkelblau glänzende Kopftuch. Die Babuschka drückt mich vorsichtig. Ich sei der erste Deutsche in ihrem Haus nach jenem schrecklichem Sommer 1941. »Ich war damals Lehrerin, genau wie mein seliger Mann, und bevor die Deutschen abtransportiert wurden, brachten sie uns ihre Bücher, Tausende deutsche Bücher.« Später hätte sie noch einmal Deutsche in Petrowsk erlebt, Kriegsgefangene, die hier Häuser und eine Fabrik bauen mußten. Und nun ich . . .

Es wird nicht mehr gesungen, es wird über die Deutschen diskutiert. Eigentlich diskutiert nur einer der Gäste, Nikolai, er ist der Direktor der hiesigen SIL-Filiale, jenes Moskauer Autokonzerns, der u. a. die Staatskarossen herstellt. »Man soll die Wolgadeutschen auf das Raketengelände schicken und nicht in ihre alte Heimat lassen, wo nun die Russen wohnen. Oder haben wir, die Russen, kein Recht auf eine Heimat?« Wowa und Soja und selbst die Babuschka sagen: »Man muß das Unrecht wiedergutmachen, das man ihnen zugefügt hat. Sollen sie also gemeinsam mit uns wieder hier leben, wie früher.«

Am nächsten Vormittag spaziere ich allein durch die Stadt. Die Glocken läuten zum Gottesdienst. Ich will in die Kirche, aber da sehe ich eine Frau, die vor einem kleinen Haus eine rote Nelke auf die Erde legt. Als sie mich bemerkt, will sie schnell weggehen. Ich spreche sie an. Sie ist vielleicht 60, aber ihr Gesicht noch faltenlos, die Augen schwarz und die Lippen noch natürlich rot.

Als ich sage, daß ich Deutscher bin, erschrickt sie, die Hände zittern. Dann sagt sie auf deutsch: »Guten Tag, ich heiße Maria Pawlowa.« Nein, sie sei keine Deutsche, sondern eine reinrassige Russin. Die Nelke dort, frage ich, was hat sie zu bedeuten? Sie schweigt erst lange, und dann spricht sie sehr schnell. »Mein Töchterchen Anna ist in Petrowsk gestorben, sie wird damals vielleicht vier Monate alt gewesen sein. Ihr Grab habe ich nie gefunden. Jetzt wohne ich in Wolgograd, einmal im Jahr, zum Geburtstag meiner Freundin, komme ich hierher.«

Marias Geschichte ist so lang, daß ich sie in wenigen Sätzen erzählen muß. Jeden Morgen und jeden Abend, wenn sie zur Arbeit gingen oder von der Arbeit kamen, marschierten die deutschen Kriegsgefangenen an ihrem Haus vorbei. Zuerst stand sie nur wie zufällig am Fenster, später wartete sie ungeduldig. An manchen Tagen lief sie mittags zur Baustelle und gab ihm schwarzes Brot und gekochte Kartoffeln. Sie fand einen alten Lehrer, der ihr die deutsche Sprache beibrachte.

Der deutsche Kriegsgefangene hieß Helmut Schneider und war in einem Dorf bei Köln zu Hause. Als sie von ihm schwanger wurde, wollte sie das Kind behalten. »Ich bekam eine Tochter, wir nannten sie Anna nach seiner Mutter, und ich gab einen Russen, mit dem ich befreundet war, als Vater an. Wahrscheinlich hätte es nie jemand erfahren, wenn Helmut nicht drei Monate später mit seinen Kameraden nach Hause entlassen worden wäre. Denn er weigerte sich, zurückzugehen nach Deutschland, er wollte in Rußland bleiben und mich heiraten. Damals war Anna drei Monate alt. Die Nachbarn schleppten mich, als sie alles wußten, zur Wolga. Sie schmissen mich in das Wasser und drückten meinen Kopf herunter. Die KGB-Leute haben mich gerettet, sie warfen mich halbtot auf ein Auto und brachten mich ins Lager. Zehn Jahre war ich dort. Das Grab meiner Tochter habe ich nie gefunden.«

Ich drücke aus Verlegenheit ihre Hand, und bevor wir uns verabschieden, sagt sie: »Mein russisches Volk ist gut und gastfreundlich und hilfsbereit. Aber wenn es an etwas glaubt und denkt, in diesem Glauben zu handeln, ist es grausam wie ein wildes Tier.«

Soja und Babuschka haben ein großes Mittagessen vorbereitet. Und so, als müsse sie sich für die »Schickt-die-Deutschen-doch-in-die-Wüste«-Worte des SIL-Direktors entschuldigen, sagt Soja: »Wenn Sie möchten, können wir nach dem Essen eine wolgadeutsche Familie besuchen.« In ihrem Betrieb arbeite eine Deutsche als Ingenieur, Galja Reider. »Sie ist solch eine kluge, hübsche, fröhliche und fleißige junge Frau, näht alles selber, kocht schon wie eine Babuschka und ist still und bescheiden.«

Nach dem Essen klingeln wir bei Galja Reider. Sie öffnet. Große braune Augen, knabenhaft schlanke Formen unter der Kittelschürze, nackte Arme. Sie entschuldigt sich, sie sei zwar Deutsche, aber spreche schon nicht mehr deutsch. »Doch die Mutter wird sich freuen, deutsch zu sprechen.«

Ihre Mutter, Rosa, ist über 60. Sie hätte sich die Sprache wie einen Schatz bewahrt, obwohl es in der Verbannung keiner wagte, deutsch zu sprechen. »Ich kenne heute Nachbarn, die aus der Wolgarepublik stammen und Angst haben, sich zu ihrer Nationalität zu bekennen.« Das sei nicht verwunderlich. »Nach 1955 mußten wir uns in dem sibirischen Dorf, in dem wir wohnten, jede Woche bei der Miliz melden. Wie die Mörder!« Galja ist aufgestanden, wenig später kommt sie mit einem kräftigen, schwarzhaarigen Mann und einer vielleicht 50jährigen Frau in einem bunten, großblumigen Kleid zurück. Dirksen, Maria und Warkentin, Iwan, beide Wolgadeutsche, beide wohnen mit den Reiders in diesem Haus der Krupskaja Uliza.

Über die Vergangenheit sprechen die Alten wenig. Um so mehr über ihre Sehnsüchte und Hoffnungen nach einer deutschen Gemeinschaft. »Wie sollen wir unseren Enkeln in die Augen schauen, wenn wir ihnen weder die Sprache noch die Tradition, nur die Bezeichnung ‚Deutsche' im Ausweis und damit das Recht, nach Deutschland auswandern zu dürfen, gegeben haben«, sagt Galjas Mutter. »Ich möchte hier leben, zusammen mit anderen Deutschen, es müßte wieder deutsche Schulen geben, deutsche Universitäten.« Auf dem Raketengelände? Nein, der Mann winkt ab, die Erde dort ist vergiftet von Benzin und Heizöl, dort wächst nichts mehr. »Aber in der früheren Wolgarepublik, ich würde hier weggehen, mir dort ein Haus bauen.« Die alte Rosa: »Ich möchte in meiner alten Heimat, in Dobrinka, begraben werden. Aber ich habe nun schon keine Kraft mehr, ein neues Haus zu bauen. Ich würde diese Wohnung hier verkaufen, wenn man mir dort ein neues kleines Quartier gibt.«

Sie sprechen nicht erregt und laut, sondern leise und müde. In jedem Satz spürt man ihre traurige Hoffnungslosigkeit. Die Frau im Blumenkleid: »Das ist kej Leben mehr, mir gucke nur noch, kaufe könne mer nichts. De Käse 30 Ruwel. Mir tun's uns nur noch quäle. De Stiefeel 3000 Ruwel, wir müssen Lappka flächte, mir Alte. De Junge könne vielleicht noch was beischaffen.« Nun hätte sie ihre Ausreisepapiere schon in der Tasche, im nächsten Monat würde sie weggehen. Denn hier »ware wir de Faschiste und blejbe de Faschiste!« Nur Deutschland sei noch möglich. Und ich wünsche ihr im stillen, daß dort niemand sagen wird: »Ihr seid die Russen und ihr bleibt die Russen!« Die schöne Galja schweigt. Erst, als ich sie frage, sagt sie: »Was soll ich hier? Dreck und Wodka!« Aber allein, ohne die Mutter in das fremde Land, nein. Vielleicht, wenn ein Mann aus Deutschland käme.

Es klingt wie »Da kam der junge Zarensohn und küßte Braunäuglein . . . « Und ich sage spaßeshalber, »vielleicht kommt einer, der diesen Artikel liest!« Sie lächelt. Geht. Kehrt außer Atem nach einer Viertelstunde zurück. Sie sei bei ihrer

Freundin gewesen, die hätte das einzige Foto von ihr. Wenn ich schon über sie schreiben würde, müßte ich sie doch in Erinnerung behalten.

Soja und ich gehen zuerst schweigend nach Hause. Als wir an dem Betrieb vorbeikommen, in dem sie und ihr Mann arbeiten, erzählt sie, daß es ein Rüstungsbetrieb sei: Elektronik für Raketenantriebe. Aber nun gäbe es keine Aufträge mehr. »Wir versuchen es jetzt mit kleinen, primitiven Waschmaschinen. Aber vielleicht sind wir im Sommer schon alle ohne Arbeit. Sie müssen es richtig verstehen: Weshalb sollte ausgerechnet für die Wolgadeutschen diese Welt gerecht sein?«

Die Babuschka hat in der Zwischenzeit viele Seiten eines alten Rechenbuches vollgeschrieben. »Vielleicht brauchen Sie es, es sind meine Erinnerungen, als ich Lehrerin in der Dörfern der Wolgadeutschen war.«

Mühelos lese ich die saubere, akkurate Schrift: »Die Einwohner dort haben gut gelebt. In jedem Hof stand eine Kuh, es gab Schafe und Schweine. Sie haben für sich selbst geschlachtet, selbst Wurst gemacht und Fleisch gepökelt. Sie machten Butter und Wolle, das verkauften sie an die Russen. Und die Russen gaben ihnen Wodka dafür. In die Kirche gingen sie nicht zusammen, aber sonst verstanden sich die Russen und Deutschen sehr gut . . . «

Urkunden für Morde

ODER: »Wir Russen brauchen keine neuen Synagogen«

Um sechs Uhr morgens reihe ich mich vor dem Lebensmittelgeschäft an der Stepan-Rasin-Uliza in die vielleicht fünfzigköpfige Schlange der Wartenden ein. Vor mir steht ein Mütterchen mit einem ramponierten, aus Draht gefertigten Kartoffelkorb und einem grauen Leinensack. Sie steht und schweigt. Hinter mir stellt sich eine junge, grell geschminkte, rundliche Frau in einem roten Teddymantel an. Sie hat große schwarze Augen, und ich hoffe, daß wir uns unterhalten werden. Aber auch sie steht und schweigt. Alle in der zum größten Teil aus Frauen bestehenden Brot-Butter-Bier-Mehl-Hoffnungsschlange schweigen. Niemand fragt spekulierend, was es heute wohl zu kaufen geben wird – ist egal: irgend etwas. Und niemand murrt wie in den Wodka-Hoffnungsschlangen der Männer, denen es meist zu lange dauert. Ich trample frierend von einem Bein auf das andere und schweige. Ich rechne mir aus, daß ich vielleicht in drei Stunden den Ladentisch erreicht habe und zähle wie seinerzeit beim Postenstehen in der Armee die Minuten: immer bis 60 und wieder von vorn. Noch zwei Stunden und 13 Minuten . . .

Je länger ich stehe, um so deutlicher sehe ich die Alte vor mir am Ladentisch, wie sie 10 oder 20 Brote in ihren Sack stecken und 15 Flaschen Milch in den Kartoffelkorb stellen wird. Und vielleicht sind es die letzten. Nach einer Stunde und 43 Minuten Trampeln und Schweigen beginne ich die alte Frau vor mir zu hassen, möchte ihr den großen Korb wegnehmen und ihn zusammentreten. Aber ich stehe und schweige. Nach zwei Stunden kann ich den Knoblauchatem der Schwarzäugigen hinter mir nicht mehr ertragen.

Ich könnte sie erwürgen, damit sie den Mund gefälligst zuläßt. Ein schmächtiger Mann, dessen Schultern herabhängen, als erdrücke ihn sein grauer dicker Wollmantel, reiht sich zehn Positionen vor mir in die Schlange ein, nickt der vorderen Frau freundlich zu. Im gleichen Moment schreit die grell Geschminkte hinter mir einen unverständlichen Fluch. Und sofort drehen alle in der Schlange ihre Köpfe, beginnen auch zu geifern. Die Frau hinter mir läuft nach vorn, zerrt den kleinen Mann zur Seite, und nun verstehe ich was sie schreit: »Jewrej! Jewrej! – Jude! Jude!« Andere: »Jude, stell dich hinten an!« Und eine flucht: »Wir lassen unser Brot nicht von euch faulen Juden auffressen!« Der kleine Mann zieht den Kopf wie eine Schildkröte ein und geht sehr schnell weg. Ich laufe ihm hinterher und fluche nicht, weil mich ein Auto von oben bis unten bespritzt. Der Jude zuckt zusammen, als ich ihn frage, ob wir uns unterhalten können. »Nein, ich habe Angst«, sagt er.

Ich gehe nicht zurück an meinen Platz in der Schlange.

Am Abend frage ich in einer befreundeten russischen Familie, ob sie Juden kennen, die mit mir sprechen würden. Sie geben mir die Telefonnummer einer Bekannten, die bis vor kurzem im Auftrag des KGB die Juden der Stadt bespitzelt hatte. Ich rufe sie an, sie buchstabiert mir eine Adresse: Tschitscherina 17, Quartier 12, Esther und Grigorij Schklower.

Ich klingele. Nach kurzer Zeit verdunkelt sich innen das winzige Guckloch in der Tür. Eine Frau, etwa 60, sehr gepflegt und modisch gekleidet, öffnet, sie begrüßt mich freundlich. Ihren Mann – er hat struppige schwarze Brauen – stellt sie als Doktor der technischen Wissenschaften und Professor des Pädagogischen Instituts vor. Eine für russische Verhältnisse große Wohnung, ich stehe unsicher herum, schaue und finde in der Einrichtung keinen Unterschied zu den Wohnungen russischer Intellektueller. Im Wohnzimmer jedoch hängen nicht, wie es bei den Russen beliebt ist, kitschige, aus Illustrierten ausgeschnittene Landschaftsbilder, Staatswimpel und Ikonen, sondern eine Wand ist ausgefüllt mit vierzig oder fünfzig Porträtfotografien. Alte, vergilbte, und neue: die Familie der Schklowera. Sie will mir sofort alle Fotos erklären, ihr Enkel und der Sohn mit Frau, seit einem Jahr in den USA. Aber der Mann sagt, daß der Gast noch nichts zu essen hat. Russische Sakuski – eingelegte Gurken, Tomaten, Fleisch, Brot und Salat – werden serviert. Und Wodka. Aber kein russischer Trinkspruch und kein »Na Sdorowje!«, sondern das jüdische »Lechaim« – »Auf das Leben!«.

Nach dem Essen holt Esther das einzige alte Familienfoto, das sie noch besitzt, aus dem Schrank: das Hochzeitsfoto von einer der Verwandten ihrer Mutter aus dem Jahre 1934. »Damals war ich drei, ja, hier vorn, das bin ich, daneben die ältere Schwester, der Vater, die Mutter. Die Mutter stammt aus einem alten Rabbinerhaus, gewohnt haben wir in Krosten in der Ukraine. Wir hatten in dieser Gegend damals noch unsere Synagogen, und in der Familie hielt man sich streng an die religiösen Regeln: nichts vom Schwein, das Essen auf bestimmte Weise zubereitet, die Hühner auf bestimmte Weise geschlachtet. Sonnabends saßen wir bei Kerzenlicht, Kerzen mußten immer brennen, und sangen religiöse Lieder.«

Auf dem Hochzeitsbild sind mehr als 20 Familienmitglieder, Juden, zu sehen. Esther sagt: »Drei davon leben noch.« Die Braut verbrannte mit ihrem Kind bei einer Partisanenbekämpfungsaktion in den belorussischen Wäldern, der Bräutigam fiel im finnisch-russischen Krieg, eine Frau wurde aufgehangen. Ich frage sie nach dem eigenen Schicksal. Sie erzählt in ungewöhnlich kurzen Sätzen: »Die Deutschen kamen, wir wurden mit dem Zug evakuiert. Vor Kiew traf eine Bombe unseren Zug, mein Vater – er soll von Beruf Kassierer gewesen sein – hatte die kleinste Tochter Lisa auf dem Schoß. Beide wurden verletzt. Man ließ sie zurück.

Die Mutter fuhr mit mir und der ältesten Tochter weiter. Doch an der nächsten Station stiegen sie aus. Rannten zurück. Man wollte sie aufhalten, aber die Mutter schrie: ‚Ich kann sie nicht allein lassen.' Fremde nahmen sich meiner an. In Kasachstan fand mich dann mein Cousin. Er brachte mich nach Usbekistan. In seiner Familie bin ich aufgewachsen.«

Sie winkt ab, als wolle sie die Vergangenheit verjagen, holt dann vier Urkunden, große, graue Pappblätter, aus dem Schrank.

Ich muß lachen, diese Art von Urkunden kenne ich auch: Das »Sportleistungsabzeichen – Bereit zur Arbeit und zur Verteidigung der Heimat« oder das »Abzeichen für gutes Wissen«.

Aber als ich lese, erstarrt mir das Lachen. »Bestätigen wir, daß . . . von den deutschen Faschisten ermordet wurde.« Eine graue Urkunde für die Mutter, eine für den Vater, eine für die kleine Schwester, eine für die große Schwester.

Am Fremdspracheninstitut in Moskau begann Esther 1948, die deutsche Sprache zu studieren, die sie danach bis zum Rentenalter am Pädagogischen Institut lehrte.

»Ich habe gern gearbeitet, aber in meinem Ausweis steht Jude, nicht Russe, und als Jude muß man hier doppelt so gut arbeiten, um den gleichen Posten wie ein Russe zu bekommen. Die Russen mußten sich nur einmal anpassen: dem Sozialismus. Wir mußten uns zweimal anpassen: dem Sozialismus und den Russen. Vielleicht sind wir deshalb auch toleranter als sie. Obwohl mir die Toleranz schwer fiel. Ich erinnere mich an den Aufstand in Ungarn. In meiner Wohnung traf ich mich mit Freunden, wir diskutierten, daß es unrecht sei, was die sowjetischen Soldaten dort machten. Eine Nachbarin zeigt mich beim KGB an. Der Mann dort war allerdings ein guter Mensch – ich durfte weiter als Lehrerin arbeiten. Aber einer meiner Kollegen, der im Unterricht erzählt hatte, daß es Spekulationen um den ‚Stillen Don' gäbe, Scholochow den Roman vielleicht nicht selbst geschrieben hätte, der wurde entlassen. In jedem Seminar saß ein Zuträger.«

Sie holt einen knäckebrotähnlichen Fladen, das Brot, das die Juden vor ihrem Feiertag essen, aus der Küche: Matze, ohne Hefe, nur aus Wasser und Mehl zubereitet. Die Juden hatten es bei ihrem 40 Jahre dauernden Marsch aus der ägyptischen Sklaverei bis ins Gelobte Land in der Wüste von der Sonne »backen« lassen.

»40 Jahre wanderten sie damals, so lange brauchten sie, um ihre Sklavenmentalität zu verlieren«, sinniert Esther. »Und wir heute? Werden die Menschen hier jemals frei sein? Angeblich sind sie jetzt frei von der Diktatur des Sozialismus, aber was kommt nun? Die Diktatur des Nationalismus? ‚Rußland den Russen – wir brauchen keine neuen Synagogen!' Das rufen nicht nur die Leute auf der Straße, das fordern bekannte Schriftsteller wie Rasputin. Unser Sohn ist Ingenieur für Wärmetechnik. Er hat sein Kind in Moskau die Schule wechseln lassen, weil es von den Mitschülern bespuckt und als ‚Jude' beschimpt wurde. Der Wechsel half nichts. Da ist er nach Amerika gegangen. Und mein Mann arbeitete viele, viele Jahre im Turbinenwerk, aber dort kam er nie auf einen höheren Posten. Man gibt den Juden in Rußland keine ökonomische und politische Macht. Sie dürfen in diesem Land nur als Ärzte heilen, als Pädagogen lehren und als Wissenschaftler forschen. Wenn sie alle dieses Land verlassen – was dann?«

Grigorij Schklower zeigt mir seinen Beitrag bei einer internationalen Konferenz zur Atomenergie in Dresden: Er hat ein neues Gerät für die Messung von Strömungsgeschwindigkeiten in Atomkraftwerken entwickelt. Nun aber interessiert sich niemand in der ehemaligen Sojus dafür. »Würden Sie in das Ausland gehen, um'es dort zu verkaufen?« »Nicht wegen des Geldes, aber um zu spüren, daß die eigene Arbeit noch etwas wert ist. Was werden die klügsten sowjetischen Wissenschaftler, die Atombombenforscher, die

Raketenentwickler machen, wenn es hier kein Geld und kein Interesse mehr für ihr Lebenswerk gibt? Sie werden doch nicht damit zufrieden sein, ihre Raketen und Bomben, ihr Lebenswerk, vernichten zu dürfen. Erst den Geist für die Entwicklung, nun für die Vernichtung. Sie werden ins Ausland gehen. Früher durfte nicht einmal eine Putzfrau aus einer Rüstungsfabrik bis nach Polen fahren. Heute, mit der neuen Freiheit, dagegen . . .«

Und Esther sagt: »Wir Juden fahren nicht nur wegen der Arbeit weg – wir haben Angst! Wenn die sozialen Probleme noch schlimmer werden – und alles deutet darauf hin, denn Jelzin interessiert nicht, wie es dem Volk geht, sondern nur, wie es ihm und seiner Macht ergeht – dann wird die Regierung dem Volk Schuldige nennen müssen. Und das werden wir Juden sein. Wie 1953, als die Lager für unsere Deportation nach Sibirien schon fertig waren. Stalins Tod hat uns damals vor diesem Schicksal bewahrt. Aber ich werde es nicht vergessen, wie diese Kampagne begann: ‚Jüdische Ärzte lassen die russischen Patienten sterben!' ‚Alle jüdischen Ärzte müssen vor Gericht!' Auch die Frau unseres besten jüdischen Freundes Sonkin war damals unter den Ärztinnen, die man entlassen wollte.«

Ich frage, ob sie Grigorij Markowitsch Sonkin meint, jenen alten Kommunisten und Direktor des Druckereikombinates. Sie nickt. »Und dieser Sonkin ist ein gläubiger Jude?« (Weshalb denke ich, daß die Bezeichnung Jude sich immer auf die Religion bezieht und nicht einfach nur die Nationalität benennt?) Esther schüttelt den Kopf. »Unsere Synagogen, auch die hier in der Stadt, sind schon vor dem Krieg zerstört worden. Wir haben nie mehr zusammen gebetet, wir haben uns getroffen, um über Politik und das Leben zu sprechen. Mein Mann und ich waren nicht gläubig und in keiner Partei, Sonkin dagegen ein jüdischer Kommunist!«

Sonkin – ein Jude. Ich würde es an seiner langen Nase sehen, sagt Esther. Aber wahrscheinlich hätte ich es eher an seinem Verhalten bemerken müssen, denn als Gerd und mir unsere Dollargeschäfte mit russischen Gießereien mißlungen waren und auch sonst kein einziger Handelsvertrag zustande kam, hatte sich Sonkin bei uns gemeldet. Er bat Gerd, für ihn einen kleinen russischen Laden in Johannesburg zu eröffnen, und mich, ausrangierte Maschinen aus bankrotten DDR-Druckereien zu organisieren! Heute abend habe ich mich mit ihm verabredet, um ein Werbeprospekt für den russischen Laden in Südafrika zu gestalten.

Die letzten Bilder, die Esther mir zeigt, sind farbig und gestochen scharf: weiße Villen, grüner Tennisrasen, pinkfarbene Kinderhosen. Grigorij Schklower hat vor einigen Monaten den Sohn und seine Familie in den USA besucht. Nun will auch er ausreisen, denn man müsse die Familie zusammenhalten. Esther widerspricht zaghaft, in ihrem Alter könne man sich nicht noch einmal verpflanzen lassen. Doch der Mann sagt: »Der Sohn, das ist meine Schöpfung, der Enkel mein Blut.« Die Frau: »Aber wenn der Enkel unser Opfer nie annimmt, es uns nie danken wird, weil er es nicht begreifen kann?«

Sie klagt: »Es müßte einen Gott geben, der einem antwortet in dieser verrückten, unverständlichen Welt.« Sie geht zum Schrank, holt einen Brief. In dem Brief liegen zehn Deutsche Mark. »Meine beste deutsche Freundin, die ich schon Jahrzehnte kenne, hat sie mir geschickt. Sie hat es gut gemeint, natürlich. Aber was ist das schon für ein Leben, mein Mann ein Professor, und ich war Hochschullehrerin, und nun schickt die beste Freundin zehn Mark. Das kann nicht das Leben gewesen sein!«

Am Abend fahre ich zu Grigorij Sonkin, um ihn beim Werbeprospekt zu beraten. Er zeigt mir das russische Parfüm »Katjuscha«, das möchte er auf alle Fälle in solch einem Laden anbieten. Im Werbetext könnte man von den »Katjuschas«, der russischen Wunderwaffe im Krieg gegen die Deutschen, schreiben. »Wir müssen heute unsere Geschichte gut verkaufen«, sagt er. Beim Abschied gibt er mir einen Brief. Ob ich ihn in Deutschland zur Post bringen würde. Ein Brief nach Jerusalem. »Unser Sohn ist vor drei Tagen mit seiner Familie nach Israel ausgewandert. Er war in Moskau ein bekannter Herzspezialist, einer, der am offenen Herzen operierte . . . «

Ich frage Sonkin, wer die Wunden in Rußland heilen wird. Er sagt: »Niemand hat uns öffentlich gebeten hierzubleiben, Gorbatschow nicht und Jelzin erst recht nicht.«

Am nächsten Morgen reihe ich mich wieder um sechs Uhr in die Schlange vor dem Lebensmittelgeschäft ein. Man steht und schweigt, aber ich hoffe, daß das Schweigen noch nicht das Stadium der Aggressivität erreicht hat, und frage leise und mit schlechtem Russisch: »Entschuldigen Sie, was denken Sie über die Juden in Rußland?«

Die Reihe löst sich auf, man bildet einen Kreis. »Die Juden arbeiten nicht, sie verdienen nur, sie haben die besten Posten.«

»Die Juden und die Deutschen sind ein Unglück für Rußland.«

»Die Juden können nur Freundschaft mit Juden halten.«

»Wir müssen uns wehren, erst haben uns die Bolschewisten regiert, nun versuchen es die Juden.«

»Die Juden sind reich, und wir sind arm.«

»Was fragst du Deutscher uns nach den Juden, frag' deine Landsleute, was sie mit den Juden gemacht haben! Waren wir etwa Faschisten, oder waren die Deutschen die Faschisten?«

Danach stellt sich wieder jeder an seinen Platz in der Reihe. Ich trample mit den Füßen und schweige wie die anderen. Drei Stunden später kaufe ich Brot und saure Sahne für die Babuschka, bei der ich wohne. Eier bekomme ich keine, die reichten nur für die ersten 36 in der Schlange.

Die Hoffnung stirbt als Letztes

ODER: »Blumen pflanzt man nach der Beerdigung«

Weshalb erinnere ich mich, als wir bei Tarussa die hier fast einen Kilometer breite Oka auf schon brüchigem Frühlingseis überqueren wollen, an jenen Januartag, an dem ich in einer Moskauer Beerdigungshalle wie ein Kind weinte? Mich schüttelte es damals, ich achtete nicht mehr auf die Menschen, die neben mir standen. Ich schaute nur auf den offenen Sarg und den Verstorbenen, einen großen, noch im Tode kräftig aussehenden, über 60jährigen Mann.

Die Friedhofskosmetiker hatten ihn gewaschen und gesalbt. Er schien zu schlafen. Seine Frau, über den Sarg gebeugt, küßte ihn immer und immer wieder. Schrie und schluchzte, und ihre Kinder versuchten, die am Boden Liegende aufzurichten. Für mich ein grausamer Abschiedsbrauch, für die Russen jahrhundertealte Zeremonie. Aber nicht deshalb heulte ich hemmungslos. Wahrscheinlich auch nicht wegen des Toten, den ich kannte und achtete.

Ein kluger Mann war Wladimir Pawlowitsch gewesen, Ingenieur für Rüstungsindustrie, Raketenspezialist, und trotzdem (oder gerade deshalb?) war in seinem Zimmer in Regalen und Schränken kein leeres Fleckchen mehr zu finden, jeder Zentimeter war ausgefüllt mit Büchern, Tausende Bücher; alte russissche Literatur, neue sowjetische und die großen Autoren der Welt. Die Tränen hatten sich in den Monaten zuvor, seitdem ich in der ehemaligen Sojus umherreiste, gestaut. Nun war der Damm gebrochen.

Im offenen Sarg trugen wir den Toten hinaus zum Leichenwagen, der gleichzeitig als Bus für die Trauergäste genutzt wurde. Der Fahrer, der vor der Aufbahrung den leeren roten Holzsarg gebracht und den mit 10er Nägeln befestigten Sargdeckel mit der Brechstange losgestemmt hatte, versuchte ihn nun mit den langen herausstehenden Nägeln wieder auf dem Sarg des Toten zu befestigen. Aber er konnte weder Axt noch Hammer verwenden, denn die Angehörigen stiegen schon ein. Hilflos versuchte er, die Nägel in die alten Löcher zu drücken, damit der Sargdeckel während der Fahrt zum Krematorium nicht herunterfiel. Die Fahrt dauerte fast eine Stunde. Sie führte über die schlimmsten Straßen von Moskau von einem Stadtende zum anderen. Mein Freund und ich standen neben dem Sarg und preßten unsere Beine gegen den Deckel, damit das Unglück nicht geschah . . .

Und nun der Weg von der Kleinstadt Tarussa zur Oka. Der Fotokorrespondent Sascha Paschin und ich laufen über endlose Felder, verschneit sind sie, nur die Sumpflöcher schon vom Winter befreit. Wir marschieren wie die Soldaten. Wir hatten nach dem Gut Polenowo gefragt, und man hatte uns die Richtung zum Fluß gezeigt. Über eine Stunde laufen wir in diese Richtung. Und plötzlich liegt vor uns das Ufer. Auf der Gegenseite eine kleine weiße Kirche, aber vom Gut Polenowo sehen wir nichts, weit und breit auch keine Brücke.

Endlich finden wir einen Menschen. Der etwa 50jährige torkelt. Aber als wir nach Polenowo fragen, richtet er sich gerade auf, versucht seinen Blick fest auf uns zu halten und sagt: »Polenowo – das kennt doch jeder in Rußland! Dort hat unser Väterchen Wassili Dimitrij Polenow, dieser gütige Mensch, schon lange vor der Revolution das erste Museum in einem russischen Dorf gegründet. Seine Bilder – ach, hat er schöne Bilder gemalt – hängen dort; und Schätze, die er aus aller Welt mitgebracht hat. Und für die Bauern ließ er Stücke aufführen. Gott habe ihn selig. Sein Söhnchen, den Dimitrij Wassiljewitsch, steckten die Kommunisten, weil er ja das Gut Polenowo besaß, von 1937 bis 1946 in den Gulag.

Und nun ist dessen Sohn, unser verehrter Fjodor Dimitrowitsch Polenow, der Enkel des großen Malers, der Hausherr. Aber er ist nicht oft zu Hause. Seit einem Jahr leitet er als stellvertretender Präsident das russische Parlament in Moskau. Nur jeden zweiten Monat kommt er auf ein paar Stunden, schaut nach dem Rechten.« Er zeigt uns den Weg zu einer Stelle der Oka, wo das Eis noch fest sein würde. »Aber«, so ruft er hinterher, »aufpassen müßt ihr!« Sascha Paschin treibt zur Eile. Er hat zwar in Polenowo angerufen und weiß, daß der Vizepräsident und Vorsitzende des Kulturausschusses heute für einige Stunden zu Hause ist. Allerdings nur bis 14 Uhr – es ist schon 12. Ein kleiner Friedhof am Fluß. Die Gedenksteine, wie überall in diesem Land, mit roten Sternen verziert. Unter dem Stern das Porzellanporträt des Begrabenen . . .

Nach fast einer Stunde Fahrt durch Moskau waren wir damals im Krematorium angekommen. Wir standen in der Kälte. Drinnen noch einmal offene Aufbahrung, noch einmal Abschied. Und einer der Trauergäste (er wird zuvor nicht bestimmt; wenn keiner von sich aus will, redet niemand für den Toten) tritt vor.

»Teurer Wladimir Pawlowitsch, wir sind zusammen aufgewachsen, dann sind wir zusammen an die Front. Bis Berlin haben wir uns durchgekämpft, danach mußten wir noch nach Japan. Wir haben auch noch im Frieden mit diesem Krieg gelebt. Er hat uns getötet, auch wenn wir es nicht zugeben wollten . . .«

Hinter mir sagt eine alte Frau: »Nicht er allein ist gestorben, eine ganze Generation ist gestorben . . .«

Endlich der ausgeschlurfte Weg auf dem Eis der Oka. Je weiter wir uns vom Ufer entfernen, um so ängstlicher schaue ich auf die Seite gegenüber. Als ich hinter Birken auf einer Anhöhe das Gutshaus entdecke, beginne ich zu rennen.

Vielleicht ist der Frühling hier schon sehr warm gewesen, das Eis kracht gefährlich.

Stallungen und Scheunen sind um das Wohnhaus herumgebaut, daneben das herrschaftliche kleine Häuschen, jetzt Museum. Traktoren, Pflüge, Eggen stehen auf dem Hof und ein neuer schwarzer Staats-»Wolga«. Wilder Wein und Efeu wachsen vor dem alten Haus. Niedrige Türen. Natalie, die Frau von Fjodor Dimitrowitsch, läßt uns herein. Sie ist klein, schmal und schnell in ihren Bewegungen. Seit ihr Mann in Moskau arbeitet, leitet sie das Museum. Sie hatte am Telefon gesagt, daß wir Brot mitbringen sollen, Kartoffeln hätte sie noch. In der dunklen Küche stellen wir Brot und Wurst und Käse und Wodka auf den langen Eichentisch. Sie bringt noch heiße Kartoffeln und eingelegte rote Tomaten.

Im Nachbarzimmer klappert eine Schreibmaschine. Fjodor Dimitrowitsch diktiert Briefe. »Die Leute, die ihn gewählt haben, schreiben ihm ihre Sorgen. Aber er kann weder eine Wohnung besorgen noch eine Wasserleitung reparieren lassen. Die Menschen wissen nicht, daß die Zeit vorbei ist, da man mit vielen Briefen und unentwegten Beschwerden an die Obrigkeit Hilfe bekam.«

Ein junger, kräftiger Mann, Rangertyp in ausgebleichtem Militärdrillich, setzt sich an den Tisch. Ich nehme an, der Fahrer. Nein, das sei Alexander Sjutschikow, diplomierter Philosoph und Dichter. Seit acht Jahren sei er hier in Polenowo, repariere den Traktor, kümmere sich um die Felder. Der Fahrer, ein kleines schüchternes Männchen, kommt zusammen mit einer jungen Frau, Nadjeshda Petrenka, Museumsangestellte und Sekretärin von Fjodor Dimitrowitsch, aus dem Nachbarzimmer. Und schließlich im Anzug, Schlips, mit grauem Bart, ein wenig müde aussehend, der Enkel von Polenow, der Vizepräsident des russischen Parlaments. Er ist nervös, begrüßt uns fahrig. Nun, wir sollten essen und fragen, eine Stunde hätte er noch Zeit, bis er nach Moskau fahren würde. Dieses Mal könnte er sogar seine Frau für eine Woche mitnehmen.

Sein erster Toast: »Viele Menschen im Ausland denken jetzt: Rußland ist tot, denn es hat seine Identität verloren. Aber ich sage: Rußland kann nicht sterben – es ist der Händedruck zwischen Ost und West.«

Ich frage, woher er diese Hoffnung nimmt.

Er zeigt auf die Holzwände des Hauses, den festgefügten Eichentisch, den aus Lehm gebauten großen alten russischen Ofen, auf dessen schwarze gußeiserne Tür er mit Kreide »Ein gutes neues Jahr!« geschrieben hat.

»Über 100 Jahre steht dieses Haus. Hier ist mein Großvater gestorben, hier werde ich sterben.« Die Ideen des Großvaters, Bildung und Kunst für den einfachen Bauern, hätten sogar Stalins Gulag überlebt.

»Während des Krieges standen am anderen Ufer die Deutschen, sie kamen nicht über die Oka, hier im Haus hatten sich die Unsrigen einquartiert. Weil sie froren, verbrannten sie 3000 der wertvollsten Bücher aus der Bibliothek. Nicht verbrannt sind die Ideen. Ich glaube, der Russe hatte lange vor der Revolution eine ideale Staatsform – die Obschtschina, die Gemeinschaft zwischen humanistischen Gutsherren, die sich um das Wohl der Bauern kümmerten, also aufgeklärten gerechten Herrschern, und dem Volk. Vielleicht wäre das ein Ausweg für Rußland und die Welt. Unser großen Dichter, Tolstoi, Dostojewski – sagten schon damals, daß es nur e i n Schicksal für diese e i n e Welt gibt, keine Extrawurst für Rußland oder Deutschland oder Amerika. Was wird, wenn die Afrikaner, Asiaten und Osteuropäer zu Millionen eure Wohlstandsländer im Westen bevölkern wollen? Wenige begreifen, daß nur die gerechte Weltwirtschaft, die gerechte Verteilung des Reichtums, die Welt erhalten kann. Heute, glaube ich, wird nur noch ein großer Schock – aber hoffentlich nicht zu spät – die Menschheit vor der Katastrophe bewahren. Der Mensch hat bisher überlebt, weil er die Probleme seiner eigenen

Existenzvernichtung über 2000 Jahre schon verdrängte. Verdrängte, um zu überleben. Heute ist dieser alte Mechanismus tödlich. Fortschritt in vielen Bereichen ist Untergang, und es kann nicht Ziel sein, daß ihr uns auf das Niveau eurer Wohlstands- und Verschwendungsgesellschaft hinaufzieht. Wir Russen haben immer nur für große Gefühle, für den großen Glauben gelebt – nun hat das Volk scheinbar nichts mehr davon. Ein ganzes Volk ist psychisch schwerkrank. Aber ganz Rußland eine einzige Psychiatrie? Nein, schauen Sie sich dieses Haus an, alles ist sinnvoll gemacht, ich werde Ihnen die Bilder und Arbeitsräume des Großvaters zeigen, diese Schönheit, diese Blumen . . . «

Am Tag vor der Beerdigung hatte ich – als Gast der Frau des Verstorbenen – auf dem Markt 20 rote Nelken (dem Brauch zufolge muß es immer eine gerade Zahl sein) gekauft.

In der Wohnung wurde die Totenfeier vorbereitet. Freundinnen kochten nach vorrevolutionären Rezepten die heiligen Speisen (obwohl der Tote und seine Frau Kommunisten waren): Fleisch mit Rosinen und Reis, Plinsen mit Rosinen. Die große weiße Tafel wurde gedeckt, aus Brettern und Decken entstanden lange Sitzbänke. Am Ehrenplatz das Bild von Wladimir Pawlowitsch mit seinen Kriegsorden. Davor sein Wodkaglas, Brot, frisches Fichtenreisig.

Nur einmal weinte die Frau. Als sie erzählte, wie die Friedhofsangestellten endlich kamen, um den teuren Toten aus dem Haus zu holen. (Manche müßten in Moskau fünf Tage darauf warten.) »Ein junger Mann sagte mir, was der Sarg kostet, wo er begraben wird, aber er ließ ihn nicht wegbringen, er schrie nur immer wieder, wo die ‚Blase' sei. Endich begriff ich, daß er mit ‚Blase' eine Flasche Wodka meinte. Ohne Wodka hätten sie ihn nicht geholt. Und diese Menschen, diese Halunken, haben wir erzogen. Wir wollten den Sozialismus machen, aber diese Menschen haben nun nicht einmal mehr Achtung vor den Toten, vor den allerheiligsten Werten.«

Der junge Mann hatte die verschiedenen Größen der Särge nicht aufgezählt, nur kassiert, und war verschwunden. Als das Leichen-Bus-Auto vor der Totenhalle ankam, entschuldigte sich der Fahrer, er hätte wohl den zu großen Sarg gebracht. Aber der Tote paßte gerade hinein. Wenn der Sarg 20 Zentimeter kleiner gewesen wäre? Und der Fahrer bekreuzigte sich und sagte dankbar »Gott liebt uns noch.« Ich ging vom Krematorium zum schneebedeckten Friedhof. Papierblumen, Lebenslichter, geschmückte Tannen. Ein alter Mann hängte Silber-Lametta auf. Ich sagte: »Wenn seine Asche in der nächsten Woche hier begraben wird, kann man noch keine Blumen pflanzen.« »Nein«, sagte er, »erst muß der Winter alles Alte absterben lassen, erst im Frühling gibt es Blumen. Für ein Land und für die Toten gilt: Blumen pflanzt man nach dem Begräbnis . . . «

Fjodor Dimitrowitsch führt uns in das Museum, das frühere Gutshaus. In allen Fenstern liegt Moos, und darauf stecken Trockenblumen. »Sonst stehen hier immer Wiesenblumen.« Ein Blüthner-Flügel. »Hier komponierte Prokofjew sein ‚Romeo und Julia'-Ballett.« Bemalte Teller. Selbstgefertigte und kunstvoll geschnitzte Eichenbänke. »Sie waren früher alle universell begabt – nur solche Menschen können Rußland heute vor dem Untergang erretten.« Im Atelier des Großvaters hängen Landschaftsbilder, dazu ein großes Gemälde »Der werfe den ersten Stein«. Die Sünderin – eine Schönheit. Der Jesus ein Mensch, der von ihr fasziniert ist. Dann geht der Vizepräsident des russischen Parlaments mit uns vom Gut bis zum Uferbogen der Oka. Die stille, schöne Landschaft liegt uns zu Füßen. Ja, er könne nur hier leben, in der Einfachheit und Ehrlichkeit. »Hier kann ich den Frühling sehen, seine drei Etappen: den Frühling des Lichts, wenn er sich von der Dunkelheit befreit, den Frühling des Wassers, wenn er sich vom Eis befreit, und den Frühling des Menschen. In der Stadt begreifen die Menschen kaum den Wechsel der Jahreszeiten. Wie sollen sie dann den Wechsel der Gesellschaften verstehen. Sie schwatzen nur darüber: auf der Straße und im Parlament.« Das Eis auf der Oka hat schon Risse. Ich frage: »Aber diese alten Werte, kann man sie bewahren, wenn der Kapitalismus und die Marktwirtschaft in Rußland das Leben bestimmen?«

»Der Kapitalimus wird nur das Äußere der Gesellschaft sein, das Innere wird weiterleben: die russische Seele, die Obschtschina, die aufgeklärten, humanistischen Herrscher. Wir Russen sagen: Einen Menschen empfängt man nach seiner Kleidung und verabschiedet ihn nach seinem Verstand und seiner Güte. Wenn es so bleibt und wir Verstand und Güte nicht durch Geld ersetzen . . .«

Zur Totenfeier kamen nicht wie angenommen zwanzig oder dreißig Gäste. Es waren über vierzig, die Wladimir Pawlowitsch ehren wollten. Wir mußten noch Tische, Stühle und Teller aus der Nachbarwohnung holen. Wein und Fleisch gab es genügend in der Küche. Die Frau des Verstorbenen hatte vor langer Zeit im Süden der Sojus in der Weinbranche gearbeitet, und als der Generaldirektor der größten Moskauer Wein- und Sektfabrik vom Tode ihres Mannes erfuhr und natürlich wußte, daß es nichts Schlimmeres gibt, als wenn ein Toter nicht würdig und im Überfluß von Essen und Trinken verabschiedet werden kann, hatte er einige Kilo Fleisch gebracht und dazu Wein in Flaschen und Kanistern. Neun Tage ist die Seele des Verstorbenen noch im Haus. Die Gäste stießen nicht miteinander an, sondern im stillen Gedenken nur mit ihm.

Eine Frau, die in der Moskauer Stadtverwaltung arbeitete, klagte: »Teurer Wladimir Pawlowitsch, wenn du, der du in deinem Leben immer nur ehrlich gewesen bist, wüßtest, wie unehrlich die Menschen geworden sind. Kaum einen

Beamten gibt es, der im Monat nicht Zehntausende Rubel Bestechungsgelder kassiert – für alles, für einen Hauskauf, für eine Geschäftserlaubnis – für alles nehmen sie Geld, diese Verbrecher.«

40 Tage wird man um den Toten trauern.

Und die Gäste tranken immer wieder auf ihn und sein Leben, das meist auch ihr Leben gewesen war. Und auf die Hoffnung. Ein junges Mädchen sagte: »Die Hoffnung stirbt als Letztes!« . . .

Die eine Stunde, die uns Fjodor Dimitrowitsch Polenow gewährt hat, ist vorbei. Seine Frau hat die Taschen gepackt. Sie fahren eilig und ohne lange Abschiedszeremonie. Alle Türen des alten Wohnhauses sind noch offen.

Nadjeshda und Alexander Sjutschikow, der Dichter-Philosoph, setzen sich mit uns noch einmal an der Eichentisch. Wir essen das restliche Brot, die Kartoffeln und die Wurst. Und schweigen (das ist bei den Russen nicht üblich) sehr lange.

Dann erzählt Nadjeshda (Nadjeshda bedeutet auf deutsch: die Hoffnung), daß ihre Mutter schon zehn Jahre im Museum von Polenowo gearbeitet hat. »Und als ich 16 Jahre alt war, wußte ich, daß auch ich nur hier zwischen Bildern, Büchern – der Kunst und der Natur – leben werde.« Nun arbeitet sie schon über 15 Jahre auf diesem kilometerweit abgelegenen Guts-Kunst-Hof. »Ich würde es auch für weniger Geld tun. Die Kinder, die hierher kommen, für die wir spielen, Gedichte aufsagen, Bilder mit ihnen malen – sie erhalten dadurch eine neue, reichere Seele.« Und der Dichter-Philosoph, der seit acht Jahren auf Polenowo pflügt und Traktoren repariert, will hier im nächsten Jahr eine neue russische Philosophie-Schule gründen.

»Freiheit ist« sagt er, »wenn ich sage: ICH WILL.« Zum Abschied zeigt er uns das alte Symbol von Polenowo. Ein abgesägter Eichenklotz, aus dem ein neuer Zweig treibt.

Nach einem langen Irrmarsch erreichen wir die Oka erst, als es schon Nacht wird. Wir überqueren den Fluß in mond-und sternloser Dunkelheit. Man kann verzweifelt nach unten schauen, aber nun ist es schon nicht mehr auszumachen, an welchen Stellen das Eis nicht trägt. Ich schaue nicht nach unten, sondern nur manchmal zurück, wo die Lichter von Polenowo immer mehr verblassen.

Wie ich versuchte, die Sowjetunion heil nach Hause zu bringen

ODER: »Ein Traum ist nicht verboten«

Hätten wir Wodka getrunken, wäre mir die Sache mit der alten Sojus nicht passiert. Aber als Aljoscha von einem Taxifahrer hörte, daß am Getränkestand der städtischen Markthalle Bier verkauft würde, holte er von zu Hause dreißig leere Bierflaschen (auch Wodka bekommt man nur, wenn man Wodkaflaschen abliefert), und danach machten wir uns am späten Nachmittag auf den Weg zu den Markthallen.

In den meisten der kioskähnlichen Buden war es schon dunkel, und in der noch eine Lampe brannte, konnte man das Licht auch nur spaltbreit sehen, denn die Männer davor drängelten sich zu einem dichten Knäuel. »Nein«, sagte ich zu Aljoscha, »fahren wir lieber zum Bahnhof und kaufen dort beim Schwarzhändler Wodka.«

Aber Aljoscha träumte vom Bier und: »Ein Traum ist auch bei uns in Rußland nicht verboten!« Als mir die Verwirklichung des Traumes zu lange dauerte und man überdies munkelte, daß die Bude um 18 Uhr geschlossen werde, sagte ich Aljoscha, daß ich in der Zwischenzeit schauen werde, ob in den umliegenden Geschäften etwas Nützliches aufzutreiben sei. Nur ein Schreibwarenladen war noch offen. Ich wühlte in Kisten mit Lenin- und Gorbatschowbroschüren, Micky-Maus-Aufklebern und Heften mit russischen Naturheilrezepten. Über den Kisten ein Kartenständer, an dem fein säuberlich die Erde, Afrika, Europa . . . und ganz hinten – etwa ein Meter mal 60 cm groß – die UdSSR, die Union der Sozialistischen Sowjetrepubliken, aufgehangen waren.

In meiner Schulzeit konnte ich mir nicht vorstellen, wie die Welt aussah, als das große Deutschland noch seine afrikanischen Kolonien und Schlesien, Ostpreußen und Pommern besessen hatte. Denn niemand in unserer Familie hatte eine alte Landkarte aufbewahrt. Vielleicht würde es unsere Kinder in zehn Jahren interessieren, wie die 70 Jahre alte SU einmal ausgesehen hat . . . Sie kostete auch nach der Preisfreigabe nur einen Rubel, und ich kaufte also für umgerechnet 1,5 Pfennig die ganze alte Sojus. Das Papier war dick und glänzend und roch penetrant nach Wachstuch, und die Verkäuferin wickelte alles sorgfältig in die regierungsamtliche »Iswestija«. Sie sagte, daß ich seit einem Jahr der erste Kunde wäre, der diese Landkarte verlangt hätte.

Aljoscha stand inzwischen nicht mehr an seinem Platz. Er winkte mir von weitem zu, hatte die Tasche bis zum Bersten mit Bierflaschen vollgestopft. Nein, nicht vorn erstanden, sondern hinter der Bude bei den Schwarzhändlern gekauft. Die bezahlten den Verkäuferinnen statt der verlangten vier Rubel sieben Rubel und verkauften es dann für zehn. Dadurch verdienten die Verkäuferinnen zusätzlich, die Schwarzhändler auch, und wir konnten Bier trinken . . .

So war ich also an einem Abend zu Bier und der alten Sojus gekommen. Es blieb nur die Schwierigkeit, die lange Papierrolle heil und ohne sie liegenzulassen nach Hause zu bringen. Ich beschloß, sie nicht bei meiner endgültigen Heimreise im April, sondern schon im Februar mitzunehmen. (Alle zwei Monate muß ich aus dem neuen Rußland ausreisen, länger ist das Visa nicht gültig! Dann braucht man eine neue Einladung einer russischen Behörde, muß wieder einen langen Visaantrag mit allen Orten, die man besuchen will, ausfüllen, dazu Paßbilder, Ablichtung des Passes, alles in der russischen Botschaft in Berlin angeben, nach einer Woche kann man nachfragen . . .

Ich habe schon westdeutsche Unternehmer erlebt, die Millionenverträge mit russischen Betrieben schließen wollten, aber im Konsulat umdrehten und die Verträge wegen der Bürokratie sausen ließen.)

Ich packte alles außer der Rolle in meinen Rucksack, denn wenn ich mehr als zwei Dinge in den Händen habe, lasse ich meistens unterwegs etwas liegen. Das Einwickelpapier der Sojus verklebte ich noch einmal und fuhr zuerst mit dem Bus von Kaluga nach Moskau. Neben mir saß ein dicker junger Russe, ich mußte drei Stunden auf der Hälfte meines Hinterteils hocken und hielt mit beiden Händen die eingerollte Sojus fest. Das war in den Kurven sehr schwierig. Aber der dicke Nachbar bot mir zur Entschädigung einen Schluck aus seiner etikettlosen Flasche an. Der Inhalt sah wie Wodka aus, er brannte mir fast die Speiseröhre aus. Ich fragte, ob er das Teufelszeug selbst destilliert hätte. Nein, sagte er, nur selbst gestohlen. Reiner Alkohol, den er verdünnt hätte.

Er, Alexander Kulinin, sei Ingenieur in einem elektronischen Rüstungsbetrieb, und seit einigen Monaten würde dort nur noch gesoffen. Keine Aufträge, keine Arbeit – also auch keine Disziplin. Sogar der frühere Abstinenzler, der Materialverwalter, der auch den reinen Alkohol unter Verschluß hatte, der würde inzwischen mittrinken. Neulich sei er so voll gewesen, daß er den Betriebsdirektor auf der Treppe mit dem Kopf in den Bauch stieß. Da hätte der Direktor empört alle Abteilungsdirektoren versammelt und Maßnahmen verlangt, aber da wäre alles schon zu spät gewesen. Wahrscheinlich müßte der Betrieb sogar seine Landwirtschaft aufgeben, sie hätten im Dorf Acker und Kühe und einen jungen wilden Stier . . .

»Um auf die Kühe aufzupassen, wurden immer zwei Kollegen für 14 Tage aufs Dorf delegiert – es mußten allerdings mindestens Ingenieure sein. In den letzten Wochen schickte man unsere hochspezialisierten Entwicklungsingenieure zu den Rindviechern. Zwei von ihnen hatten noch nie eine Kuh gesehen. Ängstlich fütterten sie den wilden jungen Stier drei Tage lang mit Brot. Als das Brot alle war, jagte der Stier sie, wo er sie fand, egal ob sie gerade ihre Notdurft verrichteten oder essen wollten. Da versuchten die Entwicklungsingenieure es mit der Peitsche. Dch sie konnten nicht einmal damit umgehen. Statt den Stier zu treffen, schlug sich einer von ihnen selbst mit der Peitsche so sehr auf seine Hoden, daß er bewußtlos umfiel und ins Krankenhaus gebracht werden mußte . . .«

Mit solchen und ähnlichen Geschichten verging die Fahrt nach Moskau. Als wir am Kiewsker Bahnhof aussteigen wollten, bat mich Alexander, seine unzähligen Taschen und Pakete mit hinauszutragen. Ich stapelte alles auf den Bürgersteig und legte, weil er nach Wodka Ausschau halten wollte und ich die Sachen beaufsichtigen mußte, meine Rolle ganz oben drauf. Alexander kam ohne Wodka zurück, nahm seine Taschen, dabei fiel die Rolle in den Schneematsch, ein Vorbeigehender trat achtlos darauf. Ich säuberte, trocknete und glättete die Sojus mühevoll.

In der Metro behielt ich sie in der Hand. An der Station »Oktoberplatz« stieg ich aus. Es war 18.30 Uhr.

Um 20.00 Uhr hatte ich mich beim ZDF-Korrespondenten Dirk Sager angemeldet, dort wollte ich übernachten, denn meine Maschine flog schon in aller Herrgottsfrühe. Da ich nicht schon eine Stunde zuvor bei Sager aufkreuzen wollte, setzte ich mich im unterirdischen Marmorpalast auf eine Bank und beobachtete die Leute, die in die alle 90 Sekunden ankommende Metro einstiegen. Nach zwanzig Minuten bemerkte ich, daß mich drei junge Männer beobachteten. Sie kamen näher, fragten nach Zigaretten. »Ich habe keine.« Ob ich ein Pole wäre. »Nein, ein Deutscher.« Sie blieben stehen, einer setzte sich neben mich, legte seine Hand auf den Rucksack, fragte drohend, ob ich nicht doch Zigaretten hätte. Ich machte den Fehler, aufzustehen und ans Ende des Bahnsteigs zu gehen, dorthin, wo keiner mehr ein- oder ausstieg. Die drei kamen hinterher. Und ich konnte nicht so schnell gucken, wie einer von ihnen den ersten Riemen des Rucksacks aufgebunden hatte, so daß er mir herunterrutschte. Ich schrie um Hilfe, aber niemand kam. Da nahm ich zum ersten Mal das Gasspray, das mir Lidija vor vier Monaten gegeben hatte, aus der Tasche, drückte und schrie, bis sie wegliefen. Sofort erschienen zwei Milizionäre. Um die Flüchtigen kümmerten sie sich nicht. Mich nahmen sie nach aufgeregtem Palaver mit in ein kleines Kabüffchen auf der Station. Protokoll machten sie keines, wollten auch nicht wissen, wie die Ganoven aussahen. Nur Zeugen, Zeugen sollte ich ihnen nennen. »Die sind doch alle weg«, sagte ich, aber sie gingen mit mir nach draußen, ich solle mich gefälligst umschauen nach Zeugen . . . Ich sah keine. Leute scharten sich um uns. Die Milizionäre bedauerten und gingen.

Einer der Umstehenden lachte und fragte, weshalb ich so naiv sei, nach der Miliz zu rufen. »Die verdienen für ihr Risiko, von den Banditen ein Messer in den Bauch zu bekommen, rund 600 Rubel, das sind zur Zeit drei Kilo Wurst. Wissen Sie, was sie verdienen, wenn sie wegschauen und dafür von den Ganoven ihren Anteil bekommen, vielleicht die Hälfte von dem, was Sie in Ihrem Rucksack haben.« Der Rucksack! Gott sei Dank, er steht neben mir. Aber die Rolle! Verdammt, die Sojus! Ich drängelte mich durch die Leute, lief zur Bank. Und dort lag sie noch, von weitem zu sehen. Niemand hatte sie mitgenommen.

Nun ging ich doch zu Sager. Er hatte schon einen Gast, den ehemaligen Moskauer Vertreter der Deutschen Bank, Dr. Axel Lebahn.

Es wurde ein guter, interessanter Abend. Wir konnten uns weder einigen, wer hinter Jelzin steht und wie es mit der Demokratie weitergeht, noch wie sich die russische Wirtschaft entwicklen wird . . . Aber Bier und Kognak und Rotwein waren gut. Und spät abends dann das gemütliche Gespräch, das jetzt überall geführt wird, wo Deutsche mit

Deutschen zusammensitzen und das damit endete, daß Dirk Sager wütend auf mich zeigte und sagte: »Und nun macht ihr Idioten bei euch auch noch den Stolpe kaputt!« Gegen Mitternacht wollte er ein Taxi für Dr. Lebahn bestellen, kramte eine »todsichere Nummer« aus der Jackentasche, die Natschalniks dort hätten ihm persönlich in einem Interview versichert, »daß zu jeder Zeit Taxis kommen«. Als die Deschurnaja sagte, daß frühestens um 5 Uhr ein Taxi zu haben sei, empörte er sich, daß man ihm, also dem ZDF gegenüber etwas völlig anderes versichert hätte. Er versuchte es noch zweimal, um wenigstens um 6 Uhr ein Auto für mich zum Flughafen zu bestellen.

Früh um 6 Uhr stiefelten Dr. Lebahn und ich nach unten, ich voller Bange, ob ein Taxi da sein würde, denn Flugzeuge warten nicht. Das Taxi stand unten. Als wir einsteigen wollten, schrie Sagers Frau aus dem 11. Stock, daß wir etwas vergessen hätten, sie würde die Tochter runterschicken. Sie brachte mir die eingerollte UdSSR!

Dr. Lebahn stieg an seinem Hotel aus, wenig später hielten wir noch einmal an, um einen alten Mann in einem wertvollen Pelzmantel mitzunehmen. Er trug einen langen grauweißen Spitzbart, sah wie der Prophet selber aus. Ich fragte ihn, ob er ein Muselmane oder Jude wäre. Er sei Usbeke, aber nun schon 40 Jahre in Moskau. Stellte sich vor: Tachir Koroljew. Seit 40 Jahren würde er in Moskau als Wissenschaftler, als Atomforscher arbeiten. Ich fragte scherzhaft: »Können Sie auch eine Atombombe bauen?« Er sagte: »Wenn ich das Material bekomme, ist es so einfach, als ob ich Vogelkäfige baue.« Ein seltsamer Vergleich, dachte ich mir. Aber er war nicht zu weit hergeholt, den Tachir Koroljew erzählte, daß er zur Zeit beurlaubt worden sei, das Forschungsinstitut werde verkleinert. Deshalb sei er den ganzen Tag auf seiner Datsche, baue dort aus vergoldeten Drähten Vogelkäfige. »Und wenn man mich entläßt, gehe ich zurück nach Samarkand und werde dort Wein keltern . . .«

»Aber Sie könnten auch über die Grenze nach dem Iran gehen und dort arbeiten?« Er nickte. »Doch ich bin zu alt, ich werde lieber Wein anbauen.« Noch verdiene er 2300 Rubel im Monat. »Fast so viel wie Gorbatschow.« Seinem jüngeren Freund aber hätte man für 8000 Dollar monatlich einen Job in Pakistan angeboten . . . Nein, nicht illegal, er müßte dem Staat sogar eine Provision für die Vermittlung bezahlen. »Die Russen sind zur Zeit die besten Händler der Welt. Jelzin macht alles zu Geld: im Ausland unsere Not, und hier verkauft er die Rüstung, die Weltraumraketen, die Atomforschung, die Wolgadeutschen, die Juden, irgendwann auch Lenin aus dem Mausoleum.« Nein, das wäre nicht seine Sache. Wenn man die Wissenschaftler der sowjetischen Rüstungsindustrie allerdings sinnvoll »verkaufen« würde, zum Beispiel, um Programme gegen den Hunger in Afrika auszuarbeiten oder zur Rettung der Atmosphäre oder um für die Entwicklungsländer Alternativenergie zu erzeugen, dann würde er den Weinanbau noch etwas aufschieben.

Beim Aussteigen wollte ich ihn mit seinem prächtigen Bart fotografieren, doch er lehnte ab. »Es ist hier immer noch verboten, Atomwissenschaftler der Rüstungsindustrie zu fotografieren.«

Auf dem Flughafen Scheremetjewo bezahlte ich, wie das der Taxifahrer verlangte, in D-Mark. Rubel nimmt er von Ausländern keine an. Er schrieb mir seinen Namen und seine Telefonnummer auf. Wenn ich wieder ein Taxi brauchen würde, solle ich nicht in der Zentrale, sondern bei ihm zu Hause – privat – anrufen: Dedja Mischa. 946-40-58. Ich dachte, es ist gut, daß ich die Telefonnummer habe, sollte ich was vergessen . . . Vergessen! Als er anfahren wollte, fuchtelte ich verzweifelt mit den Armen. Auf dem Rücksitz lag die Rolle. Er hielt. Ich hatte noch 90 Minuten Zeit bis zum Start der Maschine. Für normale Verhältnisse sehr viel, aber was ist hier in der sowjetisch-russischen Bürokratie schon normal? Zuerst muß man ein Ausreiseformular (es ist nicht in russisch oder deutsch, sondern nur noch in englisch vorrätig) ausfüllen. Ziel, Zweck der Reise, Angaben über mitgeführte oder nicht mitgeführte Waffen, Patronen, Drogen, Antiquitäten, das Geld in Rubel, D-Mark, Dollar. Und dazu muß man das analoge Formular der Einreise noch bei sich haben.

Wie immer drängeln sich beim Zoll Hunderte aufgeregter Fluggäste, denn wahrscheinlich ist der Moskauer Flughafen der einzige der Welt, wo man zuerst vom Zoll observiert wird und sich erst dann bei der Flugregistratur melden kann. Wenn es also beim Zoll zu lange dauert, schafft man es nicht mehr, sein Billett registrieren zu lassen, man ist sozuagen nicht erschienen.

Dieses Mal ging es schnell vorwärts, der Zöllner kontrollierte nur flüchtig. Den Rucksack ließ ich aufgehuckt, dort wollte noch nie einer reingucken. Der Beamte prüfte das Formular, zählte meine D-Mark und bedeutete mir mit einer Handbewegung, endlich weiterzugehen. Als ich ging, rief er mich jedoch noch einmal zurück und zeigte fragend auf die Rolle in meiner Hand. »Pornografie? Alte Gemälde? Urkunden?« . . . Nein, sagte ich, nur eine Landkarte. Wahrscheinlich war ihm das verdächtig, Landkarten zählten früher zu den militärischen Geheimnissen . . . Er sagte barsch, daß ich sie aufrollen soll. Ich bedauerte, es sei alles gut verklebt und wirklich nur die Landkarte der alten UdSSR. Nichts half. Ich mußte das Einwickelpapier zerreißen. Er drehte sie um und wieder um, schüttelte den Kopf, befahl mir, den Rucksack abzusetzen, ließ einen zweiten Zöllner kommen, und dem mußte ich Stück für Stück vorzeigen.

Kurz vor dem Abflug erreichte ich das Flugzeug. Neben mir am Bullauge saß ein schwarzhaariger, gepflegter, sportlich aussehender Mann. Ich tippte auf Filmschauspieler. Wir schwiegen bis zum kargen Aeroflot-Frühstück. Die Stewardeß servierte dazu Wodka in Plastebechern, und ich wünschte meinem Nachbarn »Gute Gesundheit und guten

Flug!« Wir machten uns miteinander bekannt. Er war begeistert, daß ich Bücher schreibe, das hätte er sich immer gewünscht, schon kleine Erzählungen unter einem Pseudonym veröffentlicht. Er sprach fast akzentfrei deutsch, und wir unterhielten uns eine halbe Stunde über russische und deutsche Literatur.

Ich fragte, ob er Literatur studiert hat. Nein, er sei bis vor zwei Monaten noch beim KGB beschäftigt gewesen. Als er mein ungläubiges Gesicht sah, sagte er: »Die Filme lügen. Beim KGB waren sehr oft kluge, humanistisch gebildete, feinfühlige Menschen beschäftigt, nicht diese dummen, gewalttätigen Film-Monster.« Ich wollte wissen, wohin er in Deutschland reisen werde. Er sagte, daß es zwar kein Geheimnis sei. »Aber so schnell kann man seine Gewohnheiten nicht ablegen. Es muß ausreichen, wenn Sie wissen, daß ich als Berater für russische Betriebe unterwegs bin.« Wir wechselten das Thema und sprachen über Politik, und sofort redete er im Klartext, daß die Demokratie vorerst in Rußland keine Chance hätte. »Wenn sie Jelzin und Gorbatschow als Demokraten beurteilen, gibt es nur einen, der die Demokratie eingeführt und sie zu seinem Lebensziel gemacht hat – das ist Gorbatschow.« »Aber Jelzin verteidigte sie während des Putsches!« »Sie irren«, sagte er, »Jelzin hat damals nicht zuerst an Demokratie gedacht, sondern an seine Chance, Gorbatschow auszuschalten, um selbst herrschen zu können. Er wird keine Skrupel haben, auf die Demokratie zu pfeifen und eine neue Diktatur zu errichten, wenn seine Macht gefährdet ist. Er ist nur solange gegen die Diktatur, solange es nicht seine ist. Sie werden sich noch an meine Worte erinnern.«

Bevor wir uns verabschiedeten, gab er mir seine Petersburger Telefonnummer. Als ich beim Aussteigen mit meiner Rolle vor ihm herlief, wollte er wissen, welche Geheimpapiere ich drin hätte. »Die alte Sojus . . . für meine Kinder, damit sie später Bescheid wissen.«

Er griente. »Ihr Deutschen seid schlimmer als die Amerikaner.«

Der Paßbeamte und der Zöllner in Schönefeld interessierten sich weder für meinen Rucksack noch für meine große Rolle. Das ist gar nicht gut, dachte ich, daß sich keiner mehr dafür interessiert, dann könnte ich sie zum Schluß noch liegenlassen, denn bis nach Hause gab es viele Verlustmöglichkeiten. Zuerst traf ich auf dem Flughafen, klein ist die Welt, eine Freundin, die soeben aus der Türkei angekommen war. Sie schleppte eine Unmenge Gepäck und dazu größere Rollen: türkische Teppiche, und sie hatte Bange, daß ihr türkischer Bekannter, der sie zum Transport mitgab, vielleicht Rauschgift eingenäht hatte. Also beobachtete sie während des Kaffeetrinkens unentwegt ihre großen türkischen Rollen und ich meine kleine sowjetische Rolle. Danach das Taxi zur Redaktion. Es blieben noch die Redaktion (dort würde ich sie wiederbekommen), die S-Bahn nach Schöneweide und die Zugfahrt nach Suhl. Die wurde kompliziert, denn ich hatte Blumen gekauft und mußte nun auf zwei Sachen aufpassen. Die Blumen legte ich ins Gepäcknetz über mir, die Rolle ins Gepäckfach gegenüber. In Halle setzte sich ein Mann zu mir und wuchtete seinen Koffer in das Gepäckfach gegenüber. Nun war sie plattgedrückt. Mühsam versuchte ich, die Knicke, die wie neue Grenzen aussahen, wieder zu glätten. Es gelang mir nicht. Im Taxi von Suhl nach Dietzhausen hielt ich sie zusammen mit dem Tulpenstrauß in einer Hand. So brachte ich die Sojus doch noch halbwegs heil bis nach Hause.

Im Moment suche ich einen Platz, wo ich die Union der Sozialistischen Sowjetrepubliken hinhänge. Vielleicht neben die DDR-Fahne im Kinderzimmer?

3000 Rubel für eine Hure

ODER: »Wenn wir uns nicht helfen, die Türken tun es nicht«

Wäre mir das anderswo passiert und nicht ausgerechnet in der ehemaligen Sojus, in der es kaum noch soviel Benzin gibt, daß man mit Flugzeug oder Auto reisen kann, in der man nur mit Müh' und Not Eisenbahntickets erhält und in der man stundenlang mit alten Bussen auf Schlaglochstraßen durchgerüttelt wird, wäre mir das nicht ausgerechnet dort passiert, hätte ich es mir verziehen und mich nicht vor Wut in der Hintern beißen wollen:

Ich war schon einmal im 330 Kilometer von Moskau entfernten Kirow gewesen, hatte dort aber nicht erfahren, daß sich ganz in der Nähe, in Schajkowka, einer der wichtigsten russischen Flugplätze und eine der größten Militärbaustellen der GUS befinden. Dort werden für die aus der ehemaligen DDR kommenden Truppen von türkischen Arbeitern und finnischen Spezialisten mit deutschem Geld und unter deutscher Kontrolle 1056 Wohnungen gebaut. Und ich nehme an, daß die heimkehrenden Soldaten und Offiziere demobilisiert werden, daß eine neue kleine zivile Stadt für sie entsteht. Denn was hätte es für einen Sinn, die Besatzung des Flugplatzes, die Kasernen, in dieser Zeit der Abrüstung zu vergrößern?

Von all dem hatte ich bei meinem ersten Besuch nichts gehört und nichts gesehen, und nun muß ich mich noch einmal auf den Acht-Stunden-Weg machen.

Aber diese Mal hat der Fotokorrespondent Sascha Paschin ein Dienstauto und sogar Benzin organisiert (»bitte frage mich nicht, wie«), und wir genießen die Fahrt.

Die Straße zerschneidet die Ebene schnurgerade, sie führt wie mit dem Lineal gezogen an den weit entfernt am

Horizont sichtbaren Dörfern vorbei. »Dafür wurde der Architekt vor 25 Jahren verhaftet«, erzählt Sascha. »Das Militär beschuldigte ihn der Sabotage, denn der Feind könne auf dieser geraden Straße ungehindert vorwärtskommen. Kein Dorf, keine Kolchosbauern, kein Hindernis sei auf dieser Straße, das den Feind aufhalten würde.« Inzwischen würden das die metergroßen Schlaglöcher tun. Außerdem: der Feind! Wer?

In Kirow lasse ich die großen Gießereien dieses Mal links liegen, gehe zum Zentrum der Stadt, dem freien Markt, entdecke zuerst nichts Auffälliges. Vergleiche die Preise. Äpfel und Salatgurken, Mandarinen und getrocknete Aprikosen sind hier um 50 Prozent teurer als in anderen russischen Kleinstädten. Ich frage einen kaukasischen Händler. »Die Türken brauchen hier sehr viel davon, da kann man schon bißchen mehr verlangen.« Angeboten werden auch »Marlboro« und andere West-Zigaretten, Fleischkonserven aus Dänemark, schwarze Reizwäsche aus Taiwan, japanische Videokassetten, amerikanischer Whisky. Das würden die Finnen und Türken liefern. Ich suche lange, bis ich einen schwarzhaarigen Türken (sie ähneln den kaukasischen Händlern) finde. Er verhandelt in Fingersprache um ein Kilo Äpfel, schüttelt den Kopf, als ich ihn russisch anspreche. Ich versuche es auf deutsch und englisch. Er grinst, dann aber macht er das internationale Zeichen für »mit einer Frau schlafen«, holt 3000 Rubel aus der Hosentasche. Nun schüttele ich den Kopf.

Am Rande des Marktes stehen Männer, die auf den ersten Blick nichts verkaufen. Sie bieten ihre Autos an. Für 5000 Rubel wollen sie mich nach Moskau fahren. »Das beste Geschäft machen wir mit den Türken am Wochenende.«

Die nächste Station meiner Erkundung ist die Provinzzeitung. Ich frage nach Schajkowka, dem Flugplatz, der Baustelle und den Ausländern. »Jeder dritte ist dort zur Zeit ein Ausländer. Über 1000 Türken, mehr als 100 Finnen und eine Handvoll Deutsche«, erzählt der Redakteur. Die meisten würden im Baucamp leben, einige hätten sich aber auch Wohnungen in Kirow gemietet. Was sich durch die Ausländer verändert habe? Nun, das Telefonamt sei mit internationalen Gesprächen überlastet. Die Spekulanten der kaukasischen Mafia hätten sich einen Stützpunkt eingerichtet. Die Miliz sei rund um die Uhr in Schajkowka stationiert. Zuerst wären die Ausländer regelmäßig bis Moskau gefahren, um sich zu amüsieren, aber nun ständen die russischen Mädchen schon vor dem Camp. Sie und die Händler würden besser verdienen als zuvor.

Bevor wir nach Schajkowka fahren, sage ich, daß ich schon mal hier war, aber wahrscheinlich getrieft und nichts von der Großbaustelle bemerkt hätte. Der Redakteur tröstet, es gäbe Leute in Kirow, die wüßten bis heute nichts von dieser Baustelle. Militär sei Militär. Und Geheimhaltung bleibe Geheimhaltung. Beispielsweise sei am 16. Mai 1986, also schon zu Gorbatschow-Zeiten, ein Kampfflugzeug aus Schajkowka mitten über Kirow abgestürzt. »Die Piloten, diese Feiglinge, katapultierten sich und ließen das Flugzeug genau über Kirow allein. Es gab 14 Tote und Hunderte Verletzte. Aber nicht einmal die Provinzzeitung durfte ein Wort darüber schreiben, alles wurde verschwiegen. Erst fünf Jahre später, am 10. Dezember 1991, veröffentlichte man einen Bericht über das schreckliche Unglück.«

Und was die Daten über den Flugplatz beträfen, noch heute wisse er nicht viel. Er sei 1936 gebaut, während des Krieges zeitweise von den Deutschen besetzt, die von Schajkowka aus ihre Angriffe auf Moskau flogen. 1946 hätte man begonnen, Langstreckenbomber in Schajkowka zu stationieren und den Flugplatz zu einem der größten Militärflugplätze auszubauen.

Ich frage, ob es noch andere Havarien außer der von 1986 gegeben hätte. Er weiß nur noch von einer, im März 1990, als eine Maschine über der Steppe abstürzte und alle Piloten, auch der stellvertretende Divisionskommandeur, ums Leben kamen. Hat man darüber berichtet? »Nein, was sollte man darüber informieren, es waren nach dem Militärverständnis ja keine Menschen umgekommen, sondern nur Soldaten!«

Auf dem Weg nach Schajkowka (es ist etwa 15 Kilometer von Kirow entfernt) läßt uns der Redakteur an der Tankstelle halten. Niemand bekommt Benzin. Wir kriegen 60 Liter. Die Chefin der Tankstelle ist mit seiner Frau verwandt. Sein lakonischer Kommentar: »Wenn wir uns nicht selbst helfen, die Türken helfen uns auch nicht!«

Von Schajkowka höre und sehe ich zuerst die startenden und landenden Militärflugzeuge. Dann links vom Weg kleine grüne Wohnbaracken, das mit Drahtgitter umzäunte Camp. Und schließlich eine Bretter-Pförtnerbude zur ebenfalls eingezäunten und streng bewachten Baustelle (Türken laufen Streife). Einige Häuser stehen schon, viergeschossige Plattenbauweise. Ich reibe mir die Augen, frage den erstbesten Spezialisten, ob das wirklich eine finnisch-türkische Firma gebaut habe und nicht die Russen oder DDR-Leute. Nein, natürlich ihre Firma, in reichlich einem halben Jahr! Und bis Herbst würden alle 19 Häuser stehen, dazu Poliklinik, Sporthalle, Schule, Kindergarten, Geschäfte, Restaurant, Hotel. »Alles in Plattenbauweise?« Er nickt. Dann sagt er: »Die Russen wollten es so!«

Wir waten durch den Schlamm bis zur Baubaracke der Deutschen. Sie machen Mittag. Nur die russisch-deutsche Dolmetscherin und der russische Buchhalter sitzen im Büro. Stilleben: modernste Kopiertechnik und daneben Schlammstiefel. Die Dolmetscherin war früher Deutschlehrerin in Kirow. »Die Arbeit ist sehr interessant für mich. Das einzig Traurige, ich sehe diese schönen Wohnungen, aber fragen Sie mich nicht, wie ich selbst und wie meine Verwandten wohnen. Zwei Familien manchmal in 1 1/2 Zimmern. Wer hier einziehen darf in diese Paläste . . . « Dann stockt die Unterhaltung, wir verstehen unser eigenes Wort nicht mehr, die Baracke schüttelt sich wie ein nasser Hund. Zwei Flugzeuge landen. Der Buchhalter sagt, was er denkt: »Eigentlich ist es eine Idiotie, diese Siedlung für vier- bis fünftausend Menschen hier neben dem Flugplatz zu bauen. Der Lärm, daran kann man sich gewöhnen, aber was werden die Frauen der Militärs hier tun, es gibt keine Arbeitsmöglichkeiten. Und wenn der Flugplatz hier einmal überflüssig werden sollte? Dann bleibt eine tote Stadt.«

Ein fülliger, kräftiger Mann poltert herein. Er spricht so, wie er aussieht, holt ein Paket mit russischer Aufschrift aus seiner Jackentasche und beauftragt die Dolmetscherin, ihm alle Bestandteile des Inhalts zu übersetzen.

»Nestle war zwar besser, aber ich habe nur das russische auftreiben können.« Ich schaue es mir neugierig an. »MILASAN«. Lächelnd sage ich zu dem Mann: »Das brauchen Sie nicht übersetzen zu lassen, MILASAN kenne ich aus der DDR, es ist gut – unsere Töchter sind davon groß und kräftig geworden.« Er stutzt, fragt, wieso ich auch deutsch sprechen würde und weshalb das keine russische Babynahrung sei. Dann brummt er: »Außerdem will ich nicht groß und kräftig werden, sondern abnehmen!« Er würde die Babynahrung nur zur Unterstützung seiner Diät brauchen. »Damit der Körper alle Vitamine und Mineralstoffe bekommt.« 15 Kilo hätte er schon runter, die Zeit hier in Rußland wäre günstig, die Freß-Versuchung nicht zu groß. »Rohbauleiter Knittel«, stellt er sich vor. Die Arbeit hier, der Schlamm, der Dreck? – Er wäre seit 20 Jahren nur auf ausländischen Baustellen zu Hause. »Und die Russen sind prima Kerle, was stört mich da der Schlamm?« Und er poltert wieder nach draußen.

Hermann Keller, der Chef der sieben oder acht Deutschen, ist wahrscheinlich sensibler als der Rohbauleiter, er bittet mich in sein Zimmer, spricht leise, aber eindringlich: »Ja, man könnte es auf die Formel bringen: Wir gucken hier, ob das deutsche Geld gut verbaut wird.« In letzter Zeit hätten sie aber auch Aufgaben der Baukontrolle übernommen.

»In reichlich einem Jahr werden die Türken und Finnen diese 1056 Wohnungen und Geschäfte, das Hotel, den Kindergarten – alles bis auf den letzten Baum übergeben.« Er sei überzeugt, daß sie es schaffen. »Sie müssen es schaffen, das erste Jagdgeschwader aus der ehemaligen DDR ist schon hier, im Sommer kommt das zweite.«

Ob wir Stiefel mithätten? Nein! Dann würde er uns besser im Kleinbus über die Baustelle kutschieren. Während er den türkischen Geschäftsführer sucht (»Er hat die Schlüssel für die fertig ausgestatteten Wohnungen«), gehe ich hinaus zu den türkischen Arbeitern, die im Morast Betonplatten legen. Verständigung mit Zeichensprache. Nein, sie hätten keine Zeit, um wenigstens zu Allah zu beten. Sie müßten auch Schweinefleisch essen, wenn die Lieferung von zu Hause nicht pünktlich einträfe. Aber sonst gäbe es keine Probleme. Einer, der deutsch spricht, sagt: »Und vor allem: Die Russen sind keine Deutschen, sie hassen nicht die Ausländer!«

Hermann Keller lobt die Türken über den Klee. »Als wir hier anfingen, im Herbst 1991, da arbeiteten sie 12 bis 14 Stunden im strömenden Regen. Die Baracken waren noch nicht beheizbar. Wasser gab es nur tropfenweise. Und dann haben sie bei minus 20 Grad betoniert, Tag und Nacht.«

Es sei Blödsinn, wenn einige behaupten, die Deutschen hätten die Häuser bezahlt »und dann verpflichteten die Russen ausländische Firmen und ließen die deutschen Baufirmen links liegen. Erstens gab es eine ordentliche internationale Ausschreibung, und die finnisch-türkische Firma PEM hatte das beste Angebot. Und außerdem – kein deutscher Bauarbeiter hätte unter diesen Bedingungen gearbeitet. Sie hätten gestreikt, aber nicht 14 Stunden bei Dauerregen im Schlamm gestanden. Das ging nur mit den Türken.«

Der türkische Geschäftsführer Alden steigt ein. Wir fahren zu den Blocks, die schon fertig sind. Arbeiter schütten Kies auf den Schlamm vor den Türen. Ich sage: »Schön sehen sie nicht aus, diese Häuser!« Der Türke nickt. Aber wahrscheinlich sei es jetzt wichtiger, daß sehr schnell sehr viele Häuser entstehen.

Vor der Haustür steht ein Eimer mit Wasser und ein Rutenbesen. Der Kirower Journalist wäscht sich die Schuhe. An der Tür in finnisch, türkisch, russisch, englisch und deutsch ein Zettel: »In diesem Haus sind die Arbeiten schon erledigt. Es ist nur mit sauberen Schuhen zu betreten.« Weißes Treppengeländer. Das Geländer und der Müllschlucker (!) sind pinkfarben gestrichen. Die Wohnungen (50 bis 80 Quadratmeter) sind hell, große Fenster, eingebaute Küchenmöbel. Einige Zimmer haben die Finnen (als Vorschlag) schon eingerichtet. Bilder von Matisse und Klee, Kerzen, blauweißes Geschirr, holzfarbene Möbel. Sascha Paschin und die Dolmetscherin und der Kirower Journalist bekommen leuchtende Augen. Und wieder die Frage aller Fragen: Wer wird in diese Wohnungen einziehen dürfen? Sascha meint, früher hätte das der erste Kreissekretär der KPdSU 1056mal persönlich entschieden, heute vielleicht der Regimentskommandeur. »Auf alle Fälle werden die Wohnungen nicht nur an 1056 Familien, die aus Deutschland zurückkommen, verteilt.«

Ich könnte in der Kaserne, auf dem Flugplatz selbst fragen, sagt der Deutsche. Und er fährt mit dem Kleinbus an der Wache vorbei zum Flugplatz. Alte verfallene Kasernen hinter weißen Birken. Auch das Heizhaus (»daran wollen sie wirklich die neuen Häuser anschließen«) ist dem Zusammenbrechen nahe. Der Wasserturm hat Altertumswert. Vor dem Stab frisch gemalte Losungen zum Ruhme der Sowjetunion und rote Sichtflächen mit den Bildern der Besten. Kein Einlaß im Stab. Wahrscheinlich ist es doch verboten, hier einfach hineinzufahren. Hastige Aufnahme aus dem Auto. Ich frage vorbeilaufende Offiziere, wer in die neuen Wohnungen ziehen wird. »Darüber entscheidet der Kommandeur!« Erst, als wir wieder draußen sind und ich einem

Offizier allein begegne, ihm eine Zigarette anbiete und frage, ob er in eine der neuen Wohnungen einziehen wird, schüttelt er den Kopf. Er glaubt nicht daran; zwar sei er aus Deutschland zurückgekommen, aber ein Offizier, der bereits zehn Jahre in der Kaserne in Schajkowka lebt, hatte ihm gesagt: »Für euch gab es schon Komfortwohnungen in Deutschland, jetzt sind wir erst mal dran!«

Ich sage: »Wahrscheinlich werden sich zuerst die Kommandeure bedienen?« Nein, die hätten alle schon große Wohnungen. Aber falls der Kommandeur bestechlich sei (»und welcher ist das nicht?«), werde er seine Günstlinge und Funktionäre, die ihn gut bezahlen und ihm Vorteile versprechen, unterbringen. Und auf deutsch sagt er: »Scheiße!« Und er spuckt auf den Boden.

Ich gehe zur Baracke der Deutschen, vorbei an gestapeltem Baumaterial, Fässern mit Benzin (!), Sandhaufen. Alles hätten die Finnen und Türken selbst mitgebracht, sagt Hermann Keller. »Nur Sand, Strom und Wasser bekommen sie von den Russen und bezahlen es in Devisen.« Für dieses »Sandgeld« hätten sie schon 30 russische Bauarbeiter zur Qualifizierung nach Finnland geschickt. »Manchmal haben sie gute Ideen, die Russen, denken auch sozialer als wir, sind nicht so habgierig, freundlicher.« Er lächelt, als ob er sich an etwas sehr Schönes erinnert. Dann: »Wenn sie nur nach Moskau wollen, verlangen sie, daß wir 100 Kilometer Umweg über Kaluga fahren, das sei für Ausländer die vorgeschriebene Route.«

Ein hoher sowjetischer Offizier tritt ein, setzt sich, holt Papiere aus dem Schreibtisch. Die Dolmetscherin stellt ihn mir vor. Das sei Genosse Chalil, der vom Moskauer Oberkommando Verantwortliche für diesen Bau. Sonst bin ich höflich diplomatisch, doch ihn frage ich direkt, ob es nicht besser gewesen wäre, wenn man die Wohnungen nicht hier in »der Wüste« gebaut hätte, sondern dort, wo es Betriebe und Arbeit gibt.

»Alle werden hier Arbeit bekommen, in der Schule oder im Kindergarten oder im Geschäft.«

»Und wenn das für die tausend Soldaten- und Offiziersfrauen nicht ausreicht?«

»Es werden Maßnahmen eingeleitet, alle zu beschäftigen.«

»Aber wenn die Armee eines Tages selbst kleiner wird, hier weniger Militärs gebraucht werden?«

»Niemand hat gesagt, daß die Armee kleiner wird.«

»Wäre es nicht besser, man hätte die Soldaten, die aus Deutschland zurückkommen, demobilisiert, ihnen eine zivile Arbeit gegeben und die neuen Wohnungen nicht für neue Soldaten als neue Kasernen gebaut?«

»Das müssen Sie schon uns überlassen.«

»Aber weshalb haben Sie, wie die Kirower vorschlugen, die neuen Wohnungen nicht in Kirow gebaut, dort, wo es Betriebe gibt, und die Militärs wenigstens in das Leben der Stadt integriert werden könnten?«

»Das Militär kann man nicht integrieren. Für uns gibt es nur eine Bedingung, die alles entscheidet, und das ist die Gefechtsbereitschaft! Deshalb wird hier neben dem Flugplatz gebaut! Der Gefechtsbereitschaft ist alles unterzuordnen!«

Er steht auf, ist sichtlich beleidigt.

Hermann Keller nimmt mich mit in sein Zimmer. Wir stellen fest, daß wir zu Hause nur wenige Kilometer entfernt voneinander wohnen. Er in der Nähe von Fulda und ich in Thüringen. Und ohne Überleitung sagt der etwa Fünfzigjährige: »Wahrscheinlich ist mein Wertesystem in den zehn Monaten Rußland völlig durcheinandergeraten. Weihnachten war ich auf Urlaub zu Hause, und da stehe ich mit der großen Tochter in Fulda in der Einkaufspassage – und ich stehe wie ein Blöder dort und weiß nicht, was ich kaufen will, alles voll, diese Unmengen von Waren, dieser Überfluß – sinnlos. Das kann es nicht sein, was die Welt braucht. Hier dagegen, die Leute haben Zeit, zusammenzusitzen, miteinander zu sprechen – über das Leben und nicht über neue Autos.«

Später sagt er sehr leise. »Ich werde vielleicht eine russische Frau, die ich liebe, mit nach Deutschland nehmen.«

Und mehr zu sich als zu mir: »Wann hat es das in der Geschichte schon mal gegeben, daß die inzwischen reichen Verlierer des Krieges den inzwischen bettelarmen Siegern die Häuser bauen. Und auch noch die Frauen mitnehmen?«

Auf der Rückfahrt hält uns zwischen Schajkowka und Kirow eine Milizstreife an. Sie verlangt den Dienstauftrag und die Fahrgenehmigung. Bestraft den Fahrer, weil nur die Uhrzeit für die Abfahrt vom Chefredakteur eingetragen ist, aber nicht die Uhrzeit für die Rückfahrt. Der Chauffeur entschuldigt sich, er hätte einen deutschen Gast im Auto, wie könnte er dem vorschreiben, wann wir zurückfahren. Der Milizionär flucht: »Hier ist Militärgebiet, und da wird gemacht, was immer gemacht wurde!«

Geiselnahme in St. Petersburg

ODER: »Woran kann man sich in diesem Land noch halten?«

Alle Züge nach Sankt Petersburg fahren in Moskau vom Leningrader Bahnhof ab. In der riesigen prunkvollen Bahnhofshalle steht ein überlebensgroßes Lenin-Denkmal und dahinter, die ganze Wand in weit lesbarer Schrift einnehmend: »Hier kam am 11. 3. 1918 das Oberhaupt der russischen Regierung aus Leningrad in Moskau an: Wladimir Iljitsch Lenin.«

Ich habe ein Billett für den Nachtzug und noch reichlich eine Stunde Zeit, reihe mich also in die Eisschlange ein. Vor mir steht ein bärtiger Mann, der Marx ähnelt. Von ihm verlangt die Eisverkäuferin 10 Rubel für das Moroshenoje, von mir – als sie merkt, daß ich Ausländer bin – einen Dollar (rund 100 Rubel). Ich habe keinen Dollar, und der Bärtige kauft noch ein Eis, reicht es mir. Ich drücke ihm 20 Rubel in die Hand, er gibt mir zehn zurück. Wir freuen uns wie die Lausbuben. Er erzählt mir, daß er Pope in Perm ist und in Moskau zweitausend Kerzen organisiert hätte. Ein junger Mann bietet uns abfotografierte Reproduktionen von Ikonen an. Wir blättern den Stapel durch. Zuerst fünf Ikonen je sieben Rubel, der Rest sind Pornofotos – das Stück 50 Rubel. Der Pope flucht: »Woran kann man sich in diesem Land noch halten? Nichts stimmt mehr, alle Wahrheiten werden zu Lügen, die Ordnung wird zum Chaos . . . «

Mein Zug nach Sankt Petersburg fährt pünktlich vom Leningrader Bahnhof ab. Frühmorgens komme ich auf dem Moskauer Bahnhof in Sankt Petersburg an.

Serjoscha Kusnezow, wir hatten uns vor drei Jahren bei einer Lesung im Berliner Institut für Marxismus-Leninismus, an dem er studierte, kennengelernt, holt mich ab. Es regnet.

Sein Auto steht ohne Scheibenwischer auf dem Bahnhofsvorplatz. Bevor er einsteigt, klaubt er die Scheibenwischer aus der Tasche, schraubt sie wieder an.

»Man lebt immer mit der Angst, daß einem in diesem Leningrad, Verzeihung, St. Petersburg, etwas gestohlen wird«, sagt er.

Zu Hause hat seine Frau Natascha, Dozentin an der Kunstschule, einen Kuchen gebacken. Wurst gibt es und gekochte Eier. Ich sollte zu den Eiern ihre spezielle Soße probieren, sagt Natascha. Der Vater hätte sie selbst aus Granatäpfeln gemacht. Süß-säuerlich, eine aserbaidshanische Spezialität. Die Eltern, der Vater sei Aserbaidshaner und die Mutter Russin, würden noch in Kirowbad (heute Gantscha) leben. »Ich habe unbeschreibliche Angst um sie, die Armenier sind in ihrem Haß schlimmer als die Faschisten. Wenn ich sie doch hierher holen könnte.« Sie weint, entschuldigt sich.

Um abzulenken, frage ich Serjoscha, wie er als ehemaliger Parteimitarbeiter heute lebt. Was die Partei beträfe, halte er sich zurück. Ansonsten sei er kurz arbeitslos gewesen, als sich die Firma (»Parteieigentum an Hotels, Geschäften usw. zusammen mit englischem Kapital«) auflöste. Alles sei recht undurchschaubar, wenn nicht kriminell, gewesen.

»Der Chef dieser Firma war Abteilungsleiter eines staatlichen Elektronikwerkes. 1988 gründete er eine private Computer-Kooperative. Mit diesem Geld stieg er in den Handel ein und benutzte seine Millionengewinne, um zusammen mit Engländern aus Parteieigentum eine große Handels- und Hotelkette zu bilden. Mittlerweile streiten sich die Stadtverwaltung und der Stadtsowjet um dieses Parteieigentum. Und der Neu-Unternehmer verkauft inzwischen amerikanische Produkte, besitzt Banken, das größte Petersburger Handelshaus . . . Und ich habe mich zu spät an den Tisch gesetzt, ich diente zu lange treu und brav in der Org.-Abteilung der Partei. Idealisten bestraft das Leben.«

Ich sage ihm, daß mich die Kriminalität in seiner Stadt interessiert.

Nun, das sei zwar nicht das alleröffentlichste Thema, aber er hätte durch seine frühere Arbeit noch Verbindung zur Miliz. Er werde anrufen.

Der Öffentlichkeitschef der Petersburger Miliz ist ohne Voranmeldung bereit, mit mir zu sprechen. Wir warten unten beim Pförtner, bis oben der Passierschein ausgefüllt ist. Vor dem Treppenaufgang hängt ein schwarzumrandetes Foto eines jungen Milizionärs. Alexander Aremskij, 33 Jahre, drei Kinder. Vor zehn Tagen während der Dienstausübung ermordet. Sein Andenken in Ehren halten. Eine junge Mutter mit drei kleinen Kindern allein in dieser schlimmen Zeit. Die Rubelabfindung wird vielleicht in einem Jahr wertlos sein.

So mag auch die erste Frage, die ich dem Öffentlichkeitsleiter der Petersburger Miliz, Oberstleutnant Leonid Bogdanow, stelle, gar nicht zum Thema gehören, aber der etwa 50jährige begreift wohl sofort, weshalb ich wissen will, wieviel ein Streifendienst-Milizionär verdient. »Etwa 600 bis 700 Rubel.« Das sind zur Zeit 15 Kilo Äpfel. Für 15 Kilo Äpfel den Kopf riskieren? Er zuckt mit den Schultern. Er nickt, als ich frage, ob Milizionäre notgedrungen mit den Verbrechern gemeinsame Sache machen oder selber stehlen. Ja, es wären Milizionäre bei Diebstählen gestellt worden. Unbegreiflich, aber es sei so.

Doch vielleicht der Reihe nach. Er hätte den Bericht des vergangenen Jahres gerade erhalten. Die Wohnungsdiebstähle seien im letzten Jahr um 61 Prozent auf 12 000 (»vor fünf Jahren waren es etwas mehr als eintausend«) gestiegen. »Anders gesagt, die Produktion sank um 30 Prozent, die Diebstähle stiegen um 60 Prozent.« Morde: 387 (97 mehr als 1990), Autodiebstähle 1883 (336 mehr), Raubüberfälle: 4198 (133 mehr), Vergewaltigungen (die meisten würden nicht angezeigt): 229, das wären 26 weniger als 1990. Sarkastisch kommentiert er: »Es fehlt an Fleisch!«

Sexualtaten würden kaum noch angezeigt. Immer öfter geschehe es, daß Anzeigen zurückgezogen würden, wenn der Täter dem Opfer eine »Entschädigung« zahle . . .

Ich frage, ob es möglich sei, die Zahlen zu konkretisieren, ein paar Beispiele der letzten Zeit aufzuzählen. Und – ich traue meinen Augen nicht: So etwas haben viele Jahre nur die höchsten Partei- und Sicherheits-Chefs zu Gesicht bekommen – er schiebt mir den Milizrapport der vergangenen Nacht über den Tisch: »Lesen Sie!« 110 Verbrechen. 33 schwere. Zweimal mußten die Milizionäre schießen. Ein typisch neues Verbrechen sei folgendes: »In der Wohnung des Administrators der Tankstelle, der sich auf Arbeit befand, erschienen frühmorgens um vier Uhr fünf Männer. Sie wollten angeblich einen Brief ihres Mannes für die Frau abgeben. Als die Frau öffnete, fesselte man sie mit Kabeln und raubte Videogerät, Fernseher, Kassettenradio.«

Die soziale Ungleichheit sei ein neues Phänomen, das die Verbrecher geradezu anlockt. Früher lohnte es nicht, jemand zu berauben, denn wer hatte schon größere Summen Bargeld, und wer besaß Reichtümer zu Hause? Alle waren gleich arm; bis auf die Funktionäre, und an die traute man sich nicht heran, die waren gut beschützt. Heute dagegen gibt es bei uns Millionäre, manche Spekulanten laufen mit 100 000 Rubeln in der Tasche herum, da wird man reich, wenn man einen davon umlegt oder einen erpreßt.«

Sie machen also die Marktwirtschaft für den Anstieg der Kriminalität verantwortlich?

»Im gewissen Sinne, ja. Der Kampf jeder gegen jeden hat begonnen. Keiner kann mehr Beschwerdebriefe an Partei oder Staat schreiben, wenn es ihm schlecht geht, jeder muß sich selbst helfen.«

Gibt es außer dem Anstieg der Kriminalität auch eine Veränderung der Verbrechen?

»Die Brutalität der Verbrecher nimmt erschreckend zu. Man zerstückelt die Leichen, um Spuren zu verwischen, man tötet bedenkenlos, wen man nur annimmt, daß das Opfer viel Geld bei sich hat.«

Wie hoch ist die Aufklärungsquote?

»Unterschiedlich. Bei Wohnungsdiebstählen konnten wir nur jeden fünften aufklären, von den 387 Mördern des Jahres 1991 haben wir bisher 214 gefaßt. Die chaotische Lage im Land, die Gesetzlosigkeit, erschwert unsere Arbeit. Also hier in der Stadt, in Petersburg, funktioniert es, aber drumherum sieht es schon anders aus. Und wenn ein Mörder über die nahe Grenze nach Estland flieht, gibt es noch keinen Auslieferungsvertrag. Das ist schon ein Problem mit der neuen Souveränität.«

Wie steht es um die Wirtschaftsverbrechen in Petersburg? Arbeiten die Spekulanten, die Wirtschaftsmafia und hohe Apparatschiks in der Stadtverwaltung zusammen?

Der sonst ungewöhnlich mitteilsame Milizoffizier lenkt ab. Das sei nicht sein Gebiet, dafür hätte man Spezialisten. Er wählt eine Nummer. Wenn ich mehr wissen möchte, der Wirtschaftskriminalist Gennadi Tschertilow würde mir meine Fragen beantworten.

Bevor ich gehe, erkundige ich mich nach dem schwarz umrandeten Foto des 33jährigen Milizionärs Alexander Aremskij.

Er sei bei einer Geiselnahme im Petersburger Schwerverbrecher-Gefängnis umgekommen. Häftlinge hätten ihn und eine Milizionärin als Geisel genommen, sich in einer Zelle eingeschlossen, Maschinenpistolen, Geld, ein Auto und ein Flugzeug verlangt. Als alle Verhandlungen nichts nutzten, habe eine Spezialtruppe die Gefängniszelle gestürmt. Der Milizionär und einige Geiseln seien dabei getötet worden. »Ich sagte doch: Die Brutalität nimmt immer mehr zu!«

Der Wirtschaftskriminalist sitzt nicht wie der Öffentlichkeitsmensch in einem saalähnlichen Raum, sondern in einem winzigen schmalen Gangzimmer.

Früher wären sie die Abteilung »Kampf gegen Diebstahl am sozialistischen Eigentum« gewesen, heute müßten sie nicht mehr das sozialistische Eigentum schützen, sondern das staatliche, das private, das kooperative, das Eigentum von Aktiengesellschaften und Organisationen. Bürodiebstähle wären häufig, deshalb würden sie, wie früher auf Brandsicherheit, nun alle Büros auf Diebstahlsicherheit überprüfen. Die zunehmende Bestechlichkeit der Beamten sei ein weiterer Schwerpunkt. Man bekomme kaum noch ein Grundstück oder eine Genehmigung ohne Bestechungsgeld. Viele Betriebe hätten Kriminelle eingestellt, die Rohstoffe und Halbfabrikate besorgen würden. Also: Arbeit gäbe es genug.

Als ich nach den verbrecherischen Verbindungen zwischen Spekulanten, Mafia und Staatsapparat frage, winkt er ab. Wenn ich morgen gegen 14 Uhr wiederkommen könnte? Ich nicke und bedanke mich hoffnungsvoll.

Nachmittagsbummel durch die Stadt. Vom Winterpalais und der »Aurora« werde ich heute nicht schreiben, aber vom nahe dem Zentrum gelegenen Sinajew-Markt, dem sogenannten Strohmarkt. Sind es eintausend oder fünftausend Menschen, die sich dort durch die in Schlamm und Pfützen liegenden Waren und ihre »Verkäufer« drängeln? Uhren, alte zaristische Rubel, schmutzige Büstenhalter, reparaturbedürftige Computer, verrostete Fahrradschlösser, selbstgebrannter Wodka, Dachrinnen, goldene Ringe . . .

Kreischende Frauen, die bestohlen wurden und nach der Miliz rufen. Doch die ist nirgends zu sehen. Sich prügelnde Männer, die besoffen sind und die im Dreck liegenden Klamotten zertreten. Ich halte meinen Geldbeutel fest. Ein junger Mann zerrt an meinem Anorak, will ihn gegen zwei Paar Schuhe und eine Flasche Sekt tauschen. Als er merkt, daß ich Ausländer bin, bietet er eine goldene Uhr gegen 15 Dollar! Sein Gesicht wird freundlich, er kramt zwei Gläser aus seinem Mantel, öffnet eine Flasche Sekt, trinkt mit mir auf die Freundschaft. Später fragt er, ob ich ihm eine Einladung nach Deutschland besorgen könnte. Er würde 5000 Rubel dafür zahlen. Ohne Einladung käme er nicht nach Deutschland, um dort Waren zu kaufen.

Bereitwillig erzählt mir Oleg Katajew, daß er eines der »großen Handelsunternehmen in St. Petersburg« besitzen würde. Zwar habe er Geschichte studiert, aber der Großvater sei der Chef eines staatlichen Schuhgeschäfts gewesen. »Wenn der eine Lieferung Schuhe zum billigen Staatspreis erhielt, kaufte ich ihm 500 Paar ab – und die tauschte ich gegen Kosmetik oder Wurst oder Jeanshosen. Die wiederum verkaufte ich dann zu freien Preisen. In zwei Jahren hatte ich schon 100 000 Rubel Gewinn, ich konnte an der Warenbörse spekulieren.« Er grinst: »Der Handel ist die einzige Möglichkeit, in Petersburg zu überleben!«

Am nächsten Tag bin ich pünktlich beim Wirtschaftskriminalisten Gennadi Tschertilow. Wie versprochen werde er mir heute Beispiele für Wirtschaftsverbrechen auf der »oberen Ebene« nennen. Er blättert: »Da haben beispielsweise der Hauptbuchhalter und seine Frau in einem orientalisch-russischen Joint-ventures-Geschäft 100 000 Rubel gestohlen.« Ich sage: »Nein, ich möchte Beispiele, wie die Mafia zusammen mit der Staatsmacht . . .« Er belehrt mich, daß es den Begriff Mafia im Gesetz nicht gibt. Aber ein anderes Beispiel: »Auf einem Kreditdokument über drei Millionen Rubel fälschte der Buchhalter die Unterschrift und kaufte sich im Kaufhaus dafür Computer und Videokamera.« Er sieht meine Enttäuschung.

Als wir nach einer halben Stunde immer noch nicht weiter sind, sagt er: »Wissen Sie, wer mich bezahlt? Die neue Staatsmacht! Und da soll ich Ihnen Beispiele nennen, wie diese neue Staatsmacht zusammen mit Wirtschaftsverbrechern Millionen absahnt?« Ich begreife. Und erzähle ihm von einem Beispiel aus Moskau, das ich ordentlich recherchiert habe. »Dort vergaben die Mitarbeiter eines Rohstoff-

Ministeriums die Genehmigung für den Verkauf dieser Rohstoffe – die ja nicht ihnen, sondern dem Volk gehören – an Ausländer. Dafür haben sie inzwischen Millionen Dollar auf Schweizer Banken. Und nun lassen sie sich vom Geld dieser Konten monatlich Freßpakete im Wert von je 1000 Dollar packen und über Deutschland mit dem Lkw nach Moskau bringen (vielleicht sogar zollfrei als humanitäre Hilfe?). Bis auf die Schreibtische im Ministerium!

Und manche Apparatschiks sind schon wählerisch geworden, sie möchten keinen Emmentaler Käse mehr, sondern holländischen, keinen norwegischen Lachs, sondern kanadischen . . . « Ich frage ihn, ob er sich ähnliches in Petersburg vorstellen könnte. »Aber natürlich. Doch das ist keine Angelegenheit für die Kriminalpolizei, sondern allenfalls für die Kirche. Das müssen wir beide noch lernen«, sagt er lächelnd.

Als ich abends zurückkomme, sitzen Serjoscha und Natascha entgegen ihrer sonstigen Gewohnheit vor dem Fernseher. Gleich würde man die interessante wöchentliche Sendung »600 Sekunden« zeigen, Sensationen aus allen Teilen Rußlands. Diesmal verkündet der Sprecher jedoch, daß in den vergangenen sieben Tagen nichts Dramatisches passiert sei, man wiederhole deshalb auf Wunsch der Zuschauer die »600 Sekunden« der letzten Woche, die »Geiselnahme im Gefängnis von St. Petersburg«.

Schrecklichere zehn Minuten habe ich selten vor dem Fernseher durchlitten. Zu sehen sind, von einer Feuerwehrleiter aus gefilmt, die Häftlinge mit ihren zwei Geiseln in der Zelle. Die Milizionärin und jener 33jährige Alexander Aremskij, Vater dreier Kinder. Dann kurz die Eltern und Bräute, die vom Hof aus den Häftlingen zurufen, man solle vernünftig sein. Doch die Häftlinge bestehen auf Waffen, Geld, Auto, Flugzeug. Sie sehen wie besoffen aus, wahrscheinlich macht das ihre Angst, einer von ihnen ist kaum zwanzig. Und dann wird minutiös gezeigt, wie die »Überraschungs-Eingreiftruppe« in Gasmasken und schwerbewaffnet minutenlang (!) mit Brechstangen versucht, die Eisentür zur Zelle zu sprengen. Wieder und wieder erfolglos. Inzwischen Gasangriff von außen. Und innen die Häftlinge mit ihren Geiseln! Minuten, bis die Tür bricht und die Eingreiftruppe zu schießen beginnt. Später schleifen sie die toten Häftlinge an den Füßen wie geschlachtete Schweine über den Gefängnishof zum Auto. Alles erledigt! Auftrag erfüllt – Ordnung wiederhergestellt! An die zwei Milizionäre, die Geiseln, hat wohl keiner der Kommandierenden gedacht. Wahrscheinlich suchten die Befehlshaber nicht nach einer intelligenteren Lösung zur Befreiung ihrer Kollegen (beispielsweise auf dem Weg von der Zelle zum Flugzeug), weil es nicht um ihre Befreiung, sondern um die Wiederherstellung der Ordnung im Gefängnis ging. Neu gewachsene Brutalität? Nein, das ist die alte Brutalität, erlernt zu Stalins Zeiten und danach nie verlernt: Die Macht ist alles, das Leben des Menschen nichts.

In der Nacht klingelt das Telefon. Nataschas Mutter in Kirowbad ist am Telefon. Nur Bruchstücke sind zu hören. Natascha heult. Sie fleht und schreit. »Ich werde euch nicht in diesem Chaos, in dieser Angst allein lassen.« Später, im Sessel sitzend, nur noch leise vor sich hin weinend: »Vater hatte zwei Schlaganfälle, er überlebt das Flugzeug nicht, aber die Züge werden beschossen. Und ihre Sachen, wie sollen sie ihre Sachen hierher bringen? Container für Umzüge bekommen im Moment nur die russischen Offiziere, die sich aus Kirowbad zurückziehen.«

Serjoscha versucht, sie zu trösten, aber Natascha sagt immer wieder: »Wir kleinen Leute sind so hilflos und ohnmächtig in diesem schrecklichen Chaos der untergehenden Sowjetunion. Ich habe Angst! Ich habe Angst!«

Mein Zug von Sankt Petersburg zurück nach Moskau fährt vom Moskauer Bahnhof ab. Ankommen werde ich in Moskau auf dem Leningrader Bahnhof.

75jährige an der Newa

ODER: »Sie sind älter geworden als die unsterbliche Revolution«

Immer hatte ich mir das gewünscht: Leningrad, einmal Leningrad sehen. Die »Aurora« am Newski-Kai liegend, das Winterpalais, 1917 von den Revolutionären gestürmt, den Smolny, in dem Lenin gepredigt und gestritten hat. Im 75. Jubiläumsjahr der (so nannten wir sie laut Sprachregulierung) Großen Sozialistischen Oktoberrevolution betrete ich zum ersten Mal Leningrad, die Stadt, die heute wie vor 1917 wieder Sankt Petersburg heißt.

Serjoscha sagt zur Begrüßung lakonisch: »Du bist zu spät gekommen. Nicht die Wiege, sondern das Grab der unsterblichen Revolution ist zu besichtigen.« Zehntausende Leningrader werden in diesem Jahr auch 75. »Sie sind älter geworden als der Sozialismus«, sinniert Serjoscha, »sie haben ihn überlebt. Überleben war für sie das Einfachere – weiterleben wird das Schwierigere!«

Serjoscha wohnt in einem der grauen Neubauviertel von Petersburg, das mir so endlos erscheint, als ob hier allein die drei Millionen Menschen der zweitgrößten russischen Stadt leben. Nein, nur 50 000 davon, beschwichtigt Serjoscha. Es sei das alte »Kommandeursfeld«, so genannt, weil der Zar dieses, damals außerhalb der Stadt liegende Feld, dem Kommandeur der Peter-Pauls-Festung geschenkt hatte.

»Von hier starteten im Krieg die Langstreckenflugzeuge in Richtung Deutschland.« Ich frage ihn, ob er in seinem Wohnblock Menschen kennt, die, wie die Revolution, in diesem Jahr 75 werden. Nein, in seinem Aufgang wüßte er keinen, aber in seiner Straße gäbe es bestimmt welche. Als ich ihm sage, daß ich drei oder vier von ihnen besuchen möchte, lächelt er spitzbübisch. »Noch vor zwei Jahren hätte ich dir helfen können. Wir besaßen im Parteikomitee eine Liste mit den Namen von ausgewählten Bürgern, die so alt waren wie die Revolution. An ihrem Leben zeigten wir zu den Jubiläen immer, wie erfolgreich sich das Sowjetland seit 1917 entwickelt hatte . . .« Heute könnten wir nur im Einwohnermeldeamt einige Leute finden, die 1917 geboren seien. »Aber keiner dort weiß, was das für Leute sind« . . .

Das Amt befindet sich in der dritten Querstraße von der Paraschutnaja, in der Serjoscha wohnt. Sie sieht genauso aus wie die Paraschutnaja.

Im Erdgeschoß das Meldeamt; eine umfunktionierte Wohnung. An den Wänden hängen keine Porträts und Losungen, sondern nur ein Feueralarmplan, und auf dem Schreibtisch, der für eine russische Beamtin freundlich dreinblickenden Frau, steht ein kleines Bild der Mutter Gottes. Serjoscha lügt, zeigt seinen Ausweis, sagt, daß wir ältere Bürger in der Paraschutnaja betreuen möchten, den 75jährigen gratulieren wollen. Sie holt die Karteikarten aus der Kochnische. Viel mehr Alte als Junge wohnen in der Straße, aber wir müssen lange suchen, bis wir drei Frauen und einen Mann vom Revolutionsjahrgang 1917 finden.

Auf dem Weg zu den vieren kaufe ich Blumen von einem Straßenhändler. Jeder Strauß kostet 100 Rubel. Vier Sträuße für eine Monatsrente . . .

Paraschutnaja 12. Der Krautgeruch im Treppenhaus wird um so intensiver, je höher wir steigen. Quartier 484. Darja Schestiperowa. Wir klingeln lange, bis die Tür einen Fußbreit geöffnet wird. Ich erkenne blaue, sehr lebendige Augen in einem schmalen, runzligen Gesicht. Serjoscha bittet um ein Gespräch über die 75 vergangenen Jahre. Die Frau scheint nicht erstaunt, aber schüttelt langsam den Kopf und sagt genauso bedächtig: »Nein, sprechen wir lieber über die heutige Zeit, sie ist doch schrecklicher als im Krieg die Blockade.« Sie hätte die Blockade überlebt, die 900 Tage. »Das war die Hölle. An manchen Tagen schaffte ich es, zwei

Kartoffeln, einen Brocken Brot aus Gras und Baumrinde und einen Eimer Wasser zu erstehen. Aber vor Schwäche konnte ich nicht essen und nicht trinken. Ich lag in meine letzten Lumpen gewickelt auf dem Fußboden, denn alle Möbel hatte ich schon verbrannt. Ich war aufgedunsen und wie leblos. Manchmal kam der Hausverwalter, ein guter Mann. Er zog mich hoch, heizte, sagte: ‚Sie dürfen nicht sterben!' . . . Aber meine zwei Kinder waren doch schon verhungert. Immer dachte ich, daß es nichts Schrecklicheres geben kann als diese Blockadezeit. Aber heute – die Not, das Chaos, es ist schlimmer: Denn es sind nicht die Feinde, es sind die . . . die UNSEREN . . . , die Rußland ins Elend stürzen. Außerdem – damals, den Tod vor Augen, hatten wir den Glauben an den Sozialismus, die Revolution und an Rodina, die Heimat. Um sie zu retten, litten wir. Aber heute, wofür leiden wir . . .?« Ohne zu öffnen, beendet sie das Gespräch. »Gut, kommen Sie morgen, aber rufen Sie zuvor an.«

Auch Dimitri Timofejewitsch Bojarkin, Quartier 427, und Nadeshda Iwanowna Kupzowa, Quartier 593, bestellen uns für morgen. Die Kupzowa bittet, daß wir früh kommen, denn sie müßte mittags zur Arbeit in den Schlachthof. Ich frage, ob sie wirklich 75 wird. Sie nickt.

Die dritte Frau, Maria Stepanowna Kusnezowa, öffnet nicht. Wir hören ihren pfeifenden Atem hinter der Tür. Sie schweigt. Als wir nicht aufhören zu klopfen, fragt sie nach unseren Namen. Nein, sie würde nicht aufmachen. Die alte Frau über ihr hätten drei junge Leute vor zwei Wochen zusammengeschlagen und die goldenen Ringe aus den Ohren gerissen, und erst vor zwei Tagen hätte man im Erdgeschoß den Fernseher und die Rente gestohlen. Dann hören wir nur noch ihren Atem. Nach zehn Minuten gehen wir . . .

Vor, zwischen und nach den Gesprächen mit den vier Jubilaren haste ich, begleitet von Alexej, einem 22jährigen

Lehrerstudenten, der deutsch spricht, schon in der BRD war und davon träumt, irgendwann dem »Dreck Rußlands« zu entfliehen, durch die alte Zarenmetropole.

Vor dem Eingang zur Peter-Pauls-Festung stehen Souvenirverkäufer und bieten russische Lackmalerei (»nur mit der Hand gemacht«) an: Holzkästchen mit Birken und Trachtenmädchen, Bilder und hölzerne Ostereier, das Stück für einen Dollar. Aber nur wenige Touristen spazieren über die Brücke zur Festung. Ich höre keine ausländischen Sprachen, und wenn ein Russe einen Dollar reich wäre, würde er ihn nicht für Holzeier ausgeben.

An den hohen Außenmauern der Festung lehnen halbnackte Männer und auch Frauen (meistens alte mit vorrevolutionären BH-Modellen), bieten sich der kargen Sonne feil.

Ich laufe mit Alexej um die Mauern, an denen die See züngelt, zum Kai, an dem irgendwo die »Aurora« vertäut sein soll.

Aber nirgends ein Hinweisschild, keine Touristendemonstration, Befragte zucken mit den Schultern, und Alexej ist in Gedanken weder bei der »Aurora« noch bei der Revolution, sondern erzählt mir, während wir über Unrat, zerfallene Gemäuer, Schlamm und Schlaglöcher des frühen Venedig des Nordens stolpern, von seinen Zukunftsplänen.

»Man sollte ganz Leningrad an zwei oder drei Ausländer verkaufen. Und die Einwohner müßten an diese Ausländer ihre Steuern, die Händler ihre Abgaben, die Touristen ihre Eintrittsgelder entrichten. Dafür dürften diese Ausländer ohne Parlament alles in der Stadt bestimmen, mit dem Geld die Straße bauen, neue Häuser errichten. Nur so wäre die Stadt zu retten. Verkaufen, und das Volk zahlt für alles an die Besitzer: Wasser, Strom, Straßenbenutzung . . . Und mich stellen diese Ausländer als Beamten ein . . .«

Derart philosophierend nähern wir uns dem Mekka der Großen Sozialistischen Oktoberrevolution, der »Aurora«.

Das Gespräch mit der bald 75jährigen Nadeshda Kupzowa, der Arbeiterin im Schlachthof, war weniger philosophisch. Sie hatte uns um 9 Uhr früh in der Küche empfangen. Tee und Kekse standen auf dem Tisch. Und Äpfel bot sie an. »Ich habe es immer geliebt, zu arbeiten, und was mich anbetrifft, vielleicht bin ich eine Ausnahme. Ich verdiene im Schlachthof sehr gut, bekomme 3000 Rubel. Dafür könnte ich mir auf dem freien Markt 60 Kilo Äpfel kaufen, jeden Tag zwei Kilo – wer braucht das schon. Außerdem, ich war an der Front, ich kann Monate nur von Tee und Brot leben . . .

Also, geboren bin ich am 29. 6. 1917 im Dorf Woronka im Rjasaner Gebiet. Mein Vater war erst Bauer, dann ein Kolchosvorsitzender, ein strenger und fleißiger Mann. Wir lebten gut, konnten im Jahr sogar zwei Ferkel schlachten, obwohl wir keine Kulaken waren. 1933 bin ich mit 16 zur Medizinischen Schule nach Leningrad. Die älteste Schwester wohnte dort, sie nahm mich auf . . .

Später, als sie tot war, kümmerte ich mich um ihre zwei Kinder. 1947 wurde meine Tochter Ljudmilla geboren. Inzwischen habe ich zwei Enkel. Einer war Chauffeur, in drei Monaten soll der zur Armee. Und nun ist er arbeitslos, drei Monate noch, keiner nimmt ihn für diese drei Monate. Ich habe Angst, daß er ohne Arbeit zum Verbrecher wird, wie Zehntausende junger Leute, die an der Metro stehen, dort noch um Mitternacht Wodka verkaufen oder den Frauen die goldenen Ringe mitsamt den Fingern abschneiden. Doch niemand hat Arbeit für mein Enkelchen . . .

Die Nachricht vom Krieg hörte ich damals, als ich im Park neben dem Winterpalais spazierte. Die Estradenmusik in den Lautsprechern verstummte, dann erklang Stalins Stimme. Ich war die einzige von unserer Familie, die an die Front mußte, aber wahrscheinlich wäre ich auch freiwillig gegangen. Die Schwester und die Mutter brachten mich zum Zug. Immer redeten wir uns ein: Es ist für die Heimat! Trotzdem haben wir geheult und geheult und geheult.

Die meiste Zeit war ich in Tallinn im Feldlazarett. Rund um die Uhr haben wir dort amputiert und operiert und verbunden. Die Männer, solch schöne junge Männer, sie schrien Tag und Nacht. Wir hatten keine Schmerzmittel. Ich weiß nicht, wie viele unter meinen Händen gestorben sind. Als ich nach dem Krieg wieder nach Leningrad kam, sagten die Behörden, daß meine Schwester während der Blockade verhungert ist. Gott sei Dank hat es ihr Mann nie erfahren, er fiel vorher . . .

Nach dem Krieg arbeitete ich immer im Schlachthof. Viele Jahre kochte ich dort in riesigen Kesseln das Fett. Es war heiß und dreckig, eine schlimme Arbeit. Später kam ich in die Abteilung, wo aus Blut Medikamente gemacht werden. Dort bin ich immer noch, mache sogar Schicht, man braucht mich . . . Wissen Sie, meinen Enkel, mit Kußhand hätten ihn die Betriebe noch vor zwei Jahren eingestellt – einen, der in drei Monaten seinen patriotischen Wehrdienst antritt, eine Ehre für jeden Betrieb . . .«

Ich frage, ob sie Mitglied der KPdSU war. »Man hat mich an der Front aufgenommen.« Und von den Repressalien unter Stalin, haben sie davon gewußt? »Nein, wir haben gearbeitet, gearbeitet und nochmals gearbeitet – das war unser Leben. Erst vom XX. Parteitag erfuhr ich über einige Dinge. Ich war übrigens als Delegierte auf dem XXII. Parteitag.« Als ich ungläubig schaue, erklärt sie, daß sie als Arbeiterin vom Schlachthof delegiert worden sei. »Natürlich habe ich dort nicht geredet, es war alles gut vorbereitet. Ich schwieg, aber ich war stolz, daß ich dabeisein durfte. Heute schweigen die Leute wieder vor den großen Kanonen, aber sie sind auf nichts mehr stolz. Sie glauben nicht, daß ich Delegierte war?« Sie geht zum Schrank. Unter Handtüchern kramt sie ihr Parteidokument heraus. Die Delegiertenkarte liegt noch drin. Sie schaut ehrfürchtig in das rote Büchlein, als ob sie die Bibel aufschlägt. Ich will sie dabei fotografieren, aber bevor der Verschluß klickt, wirft sie das Parteibuch quer durch das Zimmer. Bevor ich gehe, sagt sie: »Ich würde trotz alledem keinen Tag aus meinem Leben streichen. Aber ich bin traurig, daß wir, daß die Revolution, nichts Bleibendes hinterläßt, unser System ist geschichtslos. Die Tochter besichtigt jetzt die Paläste der Zarenzeit, was wird von unserem Zeitalter zu besichtigen sein? Die Metro vielleicht ... Und dort stehen diese jungen Verbrecher, diese neuen Spekulanten. Wir sind schuld, daß sie dort stehen. Das wird bleiben ...

Wenn ich einen Wunsch frei hätte? Ich würde mir wünschen, daß ich bis zum Lebensende im Schlachthof arbeiten und Geld verdienen kann – damit ich dem Enkelchen helfe.«

Von der Tür aus sehe ich, daß der Parteiausweis immer noch auf dem Fußboden liegt. An der Wand hängt ein Kalender von 1988: Eine lachende Frau steht in einem großen Feld weißer Margeriten.

Die »Aurora« ist nicht am langen Hauptkai, sondern an einem kurzen Seitenarm festgemacht. Ich hatte viele Menschen erwartet, die sich vor und auf dem graugrün gestrichenen historischen Kreuzer ersten Ranges drängeln. Aber nur zwei Neugierige stehen mit uns am Kai.

Die Miliz läßt niemand an Bord. Das Schiff, das an rotgelben Tonnen vertäut ist, liegt bewegungslos im Wasser, die rote Fahne hängt schlaff am Mast. Die Kanonen, die das Signal zum Revolutionssturm gaben, sind mit Lederkappen verschlossen. Ich bitte Alexej, ein Foto zu machen und bemühe mich um ein routinemäßiges Touristengesicht ...

Auf dem Rückweg fragt Alexej, ob ich in Deutschland eine gebrauchte kleine Buttermaschine besorgen könnte. »Damit würde ich täglich 500 bis 600 Stück Butter herstellen, an jedem würde ich ein bis zwei Rubel verdienen ...«

Ich sage, daß er noch vor einer halben Stunde einen Ausländer gesucht hat, der Leningrad aufkauft und ihn als

Beamten einstellt. »Wahrscheinlich wäre eine kleine gebrauchte Buttermaschine besser«, sagt er.

Bevor ich zu Darja Schestiperowa ging, jener Frau, die die Blockade überlebte und die Tür nur einen Fußbreit öffnete, rief ich, wie vereinbart, an. Sie meldete sich nicht. Erst spät nachmittags nahm sie den Hörer ab. Ich müsse entschuldigen, aber ich könnte nicht kommen, sie sei jetzt krank. Heute früh um 5 Uhr hätte sie sich nach Fleisch in die Schlange gestellt, bis 13 Uhr ausgeharrt, aber nun müsse sie im Bett liegen. Nein, auch morgen würde es ihr noch nicht besser gehen . . .

Bei Dimitri Timofejewitsch Bojarkin öffnete die Tochter. Sie fragte, ob sie Tee und Wodka bringen dürfe, es sei eine große Ehre, daß sich jemand für das Leben ihres Vaters interessiere. Unter dem Sofa von Dimitri Timofejewitsch liegen viele Hanteln, obwohl . . . Ja, er nickt, er könne sehr schlecht laufen, würde immer schwächer. Vor fünf Jahren. als er und die Revolution erst 70 waren, hätte er alle Kräfte noch einmal zusammengenommen, sei mit der Eisenbahn in sein Heimatdorf in der Nähe des sibirischen Tjumen gefahren. Dort wäre er stundenlang barfüßig über die Erde gelaufen und hätte in einem Tuch einige Handvoll mit hierher gebracht . . .

»Ich bin erst seit 1940 im September 1917 geboren. Zuvor war ich im September 1916 geboren, die Mutter hatte nicht alles genau im Gedächtnis, denn wir waren neun Kinder zu Hause. Erst bei der Armeeüberprüfung stellte man fest, daß ich nicht, wie auf meinem Ausweispapier stand, 24 war, sondern erst 23 . . . Mein Großvater war Goldwäscher an der Lena, aber das Gold seines Lebens reichte gerade aus, um für die Familie unser Bauernhaus in Mokronsowsky zu kaufen. Von der Wirtschaft lebten wir recht und schlecht, Vater war 1914 schwer verwundet worden . . . Wenn ich an meine Kindheit denke, dann erinnere ich mich aber nicht an den

Hunger, ich sehe die goldenen Birkenblätter im Herbst, höre die Lieder der Babuschka und schmecke noch den mit Brot gefüllten Stoffnuckel.

Als ich sieben war, mußte ich bei einem reichen Bauern täglich 14 Stunden als Hilfsschäfer arbeiten. Als ich 12 war, sah ich, wie die Polizisten ihn aus dem Dorf brachten, da bin ich mit allen anderen Kindern johlend neben seinem Pferdefuhrwerk hergelaufen. Und als ich 14 war, wurde ich in den Komsomol aufgenommen. Nun war mir mein Schicksal klar: ich würde eine Bildung bekommen, einmal mehr wissen als Mutter und Vater . . . und ich besuchte die Bauernfakultät, später die Landwirtschaftsschule in Omsk. Aber ich konnte sie nicht beenden, im vierten Studienjahr mußte ich nach Hause. Weil viele Tiere im Kreis gestorben waren, hatte die Geheimpolizei den Vater verhaftet. Das war 1937. Ich war 20, machte mir keinen Kopf über die Verhaftung . . . Die erste Liebe, abends sangen wir Volkslieder, machmal gab es Kino im Dorf . . .

Während des Krieges mit Finnland wurde ich eingezogen, und bis 1962 bin ich dann nicht mehr aus den Armeestiefeln herausgekommen. Im T 34 erlebte ich in Litauen den Überfall der Deutschen, schon am ersten Tag brannte unser Panzer aus, der Mechaniker tot, ich konnte mich retten; wochenlang lief ich zu Fuß der Front hinterher . . . Später wurde ich Ausbilder für Panzersoldaten – wir konnten gar nicht so viele ausbilden, wie getötet wurden, vor allem nach der Schlacht am Kursker Bogen . . . Fast wäre ich auch nach Persien gekommen, denn während der Konferenz in Teheran hatte der Schah unseren T 34 gelobt, und der Generalissimus Stalin sagte zum Schah: »Was du lobst, erhältst du immer als Geschenk, das ist unser georgischer Brauch.« Und er ließ 30 Panzer nach Persien schicken, ich gehörte sozusagen zu den 30 extra mit Edelmetall ausgekleideten Panzern. Aber der Schah ließ uns nicht herein, die Panzer wurden über den Golf verschifft . . .«

Das Ende des Krieges erlebte Dimitri Timofejewitsch an der Militärhochschule in Charkow, dort heiratete er auch, wurde das erste Mal 1948 bis 1951 nach Deutschland geschickt und mit den zwei Kindern dann noch einmal von 1959 bis 1962 nach Cottbus.

»Eine gute Zeit, ich liebe die Deutschen. Aber ich glaube: Die Deutschen sind nur als Soldaten mutig! Als Zivilisten können sie nicht kämpfen, da ducken sie sich vor jeder Obrigkeit, egal, ob vor der faschistischen, der sowjetischen oder der neuen sogenannten demokratischen. Mutig sind sie wohl nur als Soldaten.

1963 wurde ich wegen eines Wirbelsäulenleidens ausgemustert, bekam später den Posten des leitenden Ingenieurs im Leningrader Werk für Automation und Atomtechnik.

Vom Hilfsschäfer zum leitenden Ingenieur, ein gerader Weg im Sozialismus. Wahrscheinlich ist die sozialistische Ordnung ohne Gewalt so human wie keine andere Gesellschaft . . .

Aber was haben wir von der Wahrheit gewußt? Ich las nur das, was befohlen wurde. Heute nun studiere ich zum ersten Mal Nitzsches Schriften und die von Freud, und nun denke ich in schlechten Stunden: ‚Dimitri Timofejewitsch, du bist ein Mensch ohne Geschichte, ohne Gegenwart und ohne Zukunft!' Trotzdem kann ich nicht wie meine zwei Kinder – sie sind Hochschullehrer – die Partei und den Sozialismus verfluchen. Ich bin vielleicht dazu nicht gebildet genug, nicht intellektuell genug – ich sage nur: Ich war Hilfsschäfer und ich war glücklich, als wir den reichen Bauern vertrieben und gemeinsam auf unseren Feldern arbeiteten, für uns. Sie antworten dann: ‚Aber jetzt, Väterchen, kann jeder alles bekommen: eine Bank, eine Restaurant, ein Hotel . . . Ich antworte: ‚Aber ihr werdet keine Unternehmer, dazu seid ihr viel zu sehr intellektuelle Humanisten.' Aber es sind gute Kinder. Wenn ich tot bin, werden sie die Erde, die ich aus Mokronsowsky mitgebracht habe, in mein Grab legen.

Wie es sich gehört. Denn jeder von uns hatte im Leben nur eine Heimat . . .«

Von der »Aurora« laufe ich mit Alexej zum Winterpalais. Auch hier stehen nur wenige Touristen auf dem Platz vor dem historischen Palast. Ich gehe durch das vordere Portal und suche den Hintereingang. Serjoscha hatte mir erzählt, daß die Oktoberrevolutionäre den Sitz der Provisorischen Regierung nicht über den prunkvollen Vordereingang stürmten, sondern, (»es waren Muschiks, Untergebene, also nur den Dienstboteneingang gewohnt«) wie es sich gehört, von hinten kamen (»Vielleicht wäre alles anders geworden mit der Revolution und dem Sozialismus, wenn er nicht mit russischen Muschiks über den Hintereingang, sondern mit französischen und deutschen Facharbeitern und Intellektuellen über die Parlamente in die Welt gekommen wäre.«)

Ich jedoch finde nicht einmal den Hintereingang des Palastes, gelange nach dem Torbogen übergangslos in eine neue Häuserfront. Dort steht eine Frau und preist lautstark ihre Zeitungen an, und »49 Witze über Shirinowski«. Ich kaufe für fünf Rubel die Witze. Wladimir Shirinowski ist jener russische rechte (um nicht zu sagen faschistische) Populist, der bei den Präsidentenwahlen im Juni 1991 immerhin 6,2 Millionen Stimmen erhielt und dem Volk unter anderem suggeriert: »Wir sind immer noch eine Großmacht. Deshalb müssen wir nicht hungern, wir brauchen nur einmal mit einer Atombombe zu drohen und die ganze Welt wird uns Geld und Lebensmittel schenken . . .« Der erste Witz: Shirinowski verlangt im Kaufhaus Körpercreme. Die Verkäuferin sagt, daß sie nur Eiercreme hätte. Darauf Shirinowski: »Eigentlich wollte ich die Creme für den ganzen Körper.« Ähnlich geartet sind die restlichen 48.

Die Frau sagt, daß es genau die gleichen Witze schon über Jelzin gegeben hätte. »Dafür würde man mich heute einsperren. In einem Jahr wandert man vielleicht für die

Shirinowski-Witze in den Knast.« Sie gehöre, erzählt die Zeitungsfrau, der russischen demokratischen Union an, sei gegen Jelzin, Stalin, Shirinowski, gegen Revolutionen und alle -ismen, gegen Pornographie und von Beruf eigentlich Künstlerin, Malerin. Natali Borisowna Popowa, 43 Jahre alt.

In 100 Meter Entfernung vom Winterpalais versammeln sich jetzt einige alte Männer und Frauen, entrollen die rote Fahne und ein Plakat: »Es lebe die Sowjetmacht!« Die Popowa sagt: »Sie können nicht sterben ohne ihren Glauben – und wir können nicht leben mit ihrem Glauben.« Ein junger Mann in Jeans verteilt Flugblätter: »Auch die ‚Aurora' eine Fälschung!« Ich schaue die Popowa fragend an. »Ja«, sagt sie, »im Fernsehen haben sie die angeblich echte ‚Aurora' gezeigt, es waren nur noch ein paar Schrotteile übrig.«

»Und diese am Kai eine Fälschung?«

»So hat man es im Fernsehen behauptet . . . Aber wie soll man wissen, wer heute lügt? Es ist nichts mehr wahr – außer dem eigenen Leben.«

Und die Popowa schreit wieder: »49 Witze über Shirinowski, 49 Witze . . .« Und danach die Schlagzeile der »Nachrichtenzeitung«: »Petersburger Kommunisten drohen mit neuer Revolution!« . . . »49 Witze . . .«